महाशक्ति भारत

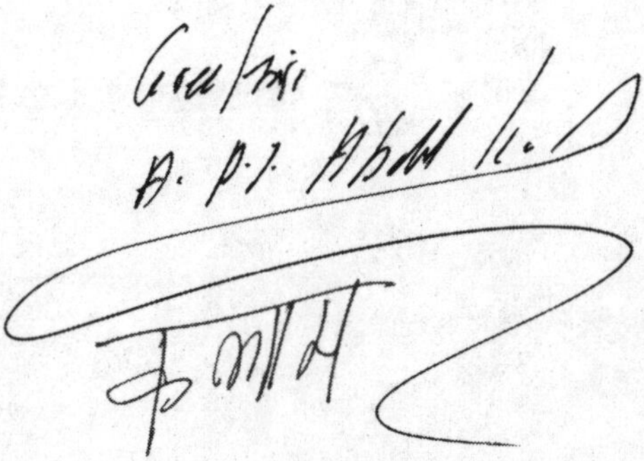

ज्ञान का दीप जलाए रखूँगा

'हे भारतीय युवक
ज्ञानी-विज्ञानी
मानवता के प्रेमी
संकीर्ण तुच्छ लक्ष्य
की लालसा पाप है।
मेरे सपने बड़े
मैं मेहनत करूँगा
मेरा देश महान् हो
धनवान् हो, गुणवान् हो
यह प्रेरणा का भाव अमूल्य है,
कहीं भी धरती पर,
उससे ऊपर या नीचे
दीप जलाए रखूँगा
जिससे मेरा देश महान् हो।'

—ए.पी.जे. अब्दुल कलाम

महाशक्ति भारत

डॉ. ए.पी.जे. अब्दुल कलाम

डॉ. वाइ. सुंदर राजन

प्रभात
प्रकाशन

प्रकाशक

प्रभात प्रकाशन प्रा. लि.

4/19 आसफ अली रोड, नई दिल्ली–110002

फोन : 23289555 • 23289666 • 23289777 ❖ फैक्स : 23253233

इ–मेल : prabhatbooks@gmail.com ❖ वेब ठिकाना : www.prabhatbooks.com

संस्करण

2025

अनुवाद

सचिन सिंहल

आवरण चित्र साभार

श्री टी.एस. अशोक, राष्ट्रपति भवन

पेपरबैक मूल्य

तीन सौ रुपए

मुद्रक

नरुला प्रिंटर्स, दिल्ली

★

MAHASHAKTI BHARAT
(Hindi Translation of 'MISSION INDIA')
by Dr. A.P.J. Addul Kamal with Dr. Y.S. Rajan

Published by **PRABHAT PRAKASHAN PVT. LTD.**
4/19 Asaf Ali Road, New Delhi-110002
by arrangement with Penguin Books India (Pvt.) Ltd., New Delhi

ISBN 978-93-5186-594-0

₹ 300.00 (PB)

साभार

'महाशक्ति भारत' हमारी पूर्व प्रकाशित पुस्तक 'भारत 2020–नवनिर्माण की रूपरेखा' पर आधारित है। इसे लिखते हुए हमारे विचारों को सैकड़ों भारतीयों द्वारा आकार प्राप्त हुआ है, जिससे कुछ भली-भाँति परिचित हैं।

प्रत्येक संवाद हमारे अनुभव को सुदृढ़ करता है और भारत की विकासरत आवश्यकताओं एवं कार्य की जरूरतों को नया आयाम देता है। सर्वप्रथम हम विभिन्न तकनीकी दृष्टि कार्यबल और पैनल के अध्यक्ष और उपाध्यक्ष का धन्यवाद करते हैं, जिन्होंने प्रस्तुत पुस्तक के लेखन में हमारी मदद की। इसके साथ टाइफैक (TIFAC) की शासकीय इकाई और सदस्यों का प्रोत्साहन एवं मदद भी मिली। हम विज्ञान और प्रौद्योगिकी मंत्रालय के सचिव प्रो. वी.एस. राममूर्ति को धन्यवाद देते हैं, जिन्होंने टाइफैक (TIFAC) की रिपोर्टों को उपयोग में लाने के लिए प्रोत्साहन और अनुमति प्रदान की। पुस्तक के लिखने के क्रम में एच. सेरेडियन का प्रयास प्रशंसनीय है। सयोनी बसु ने पूर्व विचारों को बहुत ही कौशल से संयोजित किया। जे.आर. कृष्णन ने इन सभी प्रयासों को एकरूपता देने का शानदार प्रयास किया, अतः हम दोनों के प्रति आभार प्रकट करते हैं।

पुस्तक के लेखक के रूप में डॉ. ए.पी.जे.अब्दुल कलाम हजारों भारतीय को धन्यवाद देना चाहेंगे, जो उन्हें कई अवसरों पर लिखते रहे

और उन्हें भारत के लिए कई तकनीकी कार्यों के लिए प्रेरित करते रहे।

पुस्तक के सह-लेखक वाई.एस. राजन अपनी पत्नी श्रीमती गोमती को धन्यवाद देना चाहेंगे, जिन्होंने अपनी दृढ़ता एवं क्षमता का परिचय दिया और अपने बेटे डॉ. विक्रम राजन को भी उनके सहयोग के लिए धन्यवाद ज्ञापित करते हैं।

□

आमुख

भारत की वर्तमान स्थिति पर दृष्टि डालें तो हम यह अनुभव कर सकते हैं कि हाल के भारतीय इतिहास में आज की यह आत्मनिर्भरता एवं आर्थिक विकास कल्पना से अधिक कुछ नहीं था। उत्तरोत्तर आर्थिक विकास, विकसित होने के अवसर एवं क्षेत्र, निरंतर बढ़ता विदेशी मुद्रा भंडार और तकनीकी कुशलता के क्षेत्र में विश्वस्तरीय मान्यता के बल पर आज भारत विश्व में अपनी अलग पहचान बना चुका है। आज हम अपनी 54 करोड़ युवा शक्ति के साथ विश्व के विभिन्न देशों में रह रहे भारतीय मूल के 20 करोड़ लोगों से जुड़े हुए हैं। इसके अतिरिक्त विश्व के कई विकसित देशों द्वारा भारत में अनुसंधान एवं विकास केंद्रों की स्थापना सहित देश के अभियंताओं, वैज्ञानिकों और अन्य प्रतिभाओं पर प्रस्तावित निवेश के अवसर उपलब्ध हैं। सरकार देश के किसानों और कामगारों के कल्याण को बढ़ावा देने और उद्यमियों, व्यापारियों, वैज्ञानिकों, अभियंताओं एवं समाज के अन्य उत्पादकों की वृद्धि करने के साथ-साथ 7-8 प्रतिशत वार्षिक वृद्धि दर का लक्ष्य प्राप्त करने के लिए प्रतिबद्ध है।

वर्तमान परिप्रेक्ष्य में, जब भारत की युवा शक्ति के समक्ष विकास के विभिन्न महत्त्वपूर्ण क्षेत्रों—कृषि, उद्योग, सूचना तथा संचार तकनीक में कार्य करने के विशाल अवसर उपलब्ध हैं—हमारी इस पुस्तक की महत्ता अपेक्षाकृत बढ़ जाती है।

मुझे हजारों लोगों के पत्र और इ-मेल प्राप्त हुए हैं, जिनमें लिखा गया है कि पुस्तक के माध्यम से उन्हें एक लक्ष्य निर्धारित करने और उस पर साहसपूर्वक कार्य करने की प्रेरणा मिली है। जीवन के सभी क्षेत्रों से जुड़े लोग उसे संदर्भ-स्रोत के रूप में प्रयोग में ला रहे हैं। विभिन्न व्यापारिक संस्थानों ने भी इससे लघु एवं वृहद् स्तर के उद्योग स्थापित करने की प्रेरणा ग्रहण की है। यह पुस्तक आज कुछ विद्यालयों और विश्वविद्यालयों के पाठ्यक्रम का हिस्सा बन गई है। अन्य लेखकों एवं संपादकों ने अपनी पुस्तकों में इसके विभिन्न महत्त्वपूर्ण तथ्यों को उद्धृत किया है।

यह पुस्तक 'महाशक्ति भारत' प्रमुख रूप से देश के नवयुवकों के लिए मार्गदर्शक के रूप में तैयार की गई है। नए उद्यमियों के लिए भी यह समान रूप से उपयोगी है।

पुस्तक का आरंभ अत्यंत महत्त्वपूर्ण एवं मार्मिक प्रश्न से हुआ

है—क्या भारत एक विकसित देश बन सकता है? इसके अंतर्गत हमारी शक्तियों और मूलभूत कमजोरियों का विश्लेषण किया गया है और साथ ही प्रत्येक देशवासी से यह आशा व्यक्त की गई है कि वह भारत को विकसित राष्ट्र बनाने के लक्ष्य के प्रति सामूहिक रूप से समर्पित रहे।

अगले पाँच अध्यायों में उन पाँच आधारभूत उद्योगों के बारे में चर्चा की गई है, जिनमें इस लक्ष्य को प्राप्त करने के लिए अगले डेढ़ दशकों तक पर्याप्त आत्मविश्वास हासिल करने की आवश्यकता है। ये पाँच आधारभूत उद्योग हैं—कृषि एवं खाद्य प्रसंस्करण, भौतिक वस्तुएँ एवं भविष्य, रसायन उद्योग एवं जैव-तकनीकी, भविष्य के लिए निर्माण तथा आयुध सामग्री उद्योग। इन उद्योगों के विकास के लिए पर्याप्त संभावनाएँ विद्यमान हैं। प्रत्येक अध्याय में यह सुझाव प्रस्तुत किया गया है कि संबंधित उद्योग क्षेत्र के लिए एक लक्ष्य निर्धारित करके उस पर किस प्रकार कार्य किया जाए।

सातवें अध्याय में सेवा क्षेत्र और देश की शिक्षा प्रणाली पर प्रकाश

डाला गया है। इसके अंतर्गत देश के युवाओं की सोच और दृष्टिकोण में सकारात्मक परिवर्तन लाने के लिए शिक्षा पद्धति में अनुसंधान एवं अन्वेषण, रचनात्मकता और उद्यमशीलता के क्षेत्र में पर्याप्त सुविधा उपलब्ध कराने की आवश्यकता पर बल दिया गया है। इसके अतिरिक्त देश के कोने-कोने में गुणवत्तापूर्ण शिक्षा उपलब्ध कराने के लिए आवश्यक तकनीकी उपकरणों को भी दृष्टि में रखा गया है।

आठवें और नौवें अध्यायों में क्रमश: 'सबके लिए स्वास्थ्य सुविधाएँ' एवं 'ढाँचागत विकास' के अंतर्गत उन दो पहलुओं पर चर्चा की गई है, जो किसी विकसित राष्ट्र के लिए आधारभूत मानदंड माने जा सकते हैं। इन दो अध्यायों में उपर्युक्त दोनों महत्त्वपूर्ण क्षेत्रों में हमारी वर्तमान स्थिति का आकलन करते हुए एक नया लक्ष्य निर्धारित करके उसे प्राप्त करने के उपायों का विश्लेषण किया गया है। इसके अतिरिक्त इन क्षेत्रों में नवीन तकनीकी की भूमिका से संबंधित उदाहरण भी प्रस्तुत किए गए हैं।

अंतिम अध्याय 'वास्तविक दृष्टिकोण' में भारत की वर्तमान विकास की प्रवृत्ति पर निर्णायक चर्चा की गई है। इसके अंतर्गत देश के समग्र विकास में व्यक्तिगत और संस्थागत स्तर पर देशवासियों द्वारा निभाई जा सकनेवाली भूमिका को रेखांकित किया गया है। जहाँ तक हमारा विश्वास है, यह अध्याय प्रत्येक देशवासी के लिए इस संदर्भ में विचारणीय है कि वह भारत को एक विकसित राष्ट्र की श्रेणी में खड़ा करने के इस महान् लक्ष्य को प्राप्त करने के लिए किस प्रकार अपनी भूमिका अदा कर सकता है।

यह पुस्तक मैं अपने उन देशवासियों को समर्पित करना चाहता हूँ जो 'वर्ष 2020 के विकसित भारत के सपने' का लक्ष्य प्राप्त करने के प्रति आश्वस्त हैं।

आप सभी के लिए शुभकामनाओं सहित।

—ए.पी.जे. अब्दुल कलाम

अनुक्रम

क्या भारत एक विकसित देश बन सकता है?

स्वतंत्रता से पूर्व देश में अनेक नेताओं ने मजबूत और आधुनिक भारत का स्वप्न देखा था। उनका मानना था कि मजबूत और आधुनिक भारत के निर्माण के लिए कई अलग-अलग क्षेत्रों में निरंतर विकास की आवश्यकता है। ऐसे अधिकांश स्वप्नद्रष्टाओं से आप अवश्य परिचित होंगे—महात्मा गांधी, जवाहरलाल नेहरू, सरदार वल्लभभाई पटेल, मौलाना अबुल कलाम आजाद, सुभाषचंद्र बोस, सरदार भगत सिंह, सरोजिनी नायडू, रवींद्रनाथ टैगोर, सी.वी. रमण और जे.एन. टाटा। इनमें से कई लोगों ने स्वतंत्रता आंदोलन में भी अपनी महत्त्वपूर्ण भूमिका अदा की। इन महापुरुषों-महिलाओं और ऐसे कई अन्य लोगों के विलक्षण जीवन से आज की पीढ़ी के नेता प्रेरणा ग्रहण करते हैं। भले ही इनका कार्यक्षेत्र राजनीतिक, सामाजिक, आर्थिक अथवा शैक्षिक रूप में अलग-अलग हो, परंतु इनका एकमात्र लक्ष्य देश को गुलामी की जंजीरों से मुक्त कराकर दुनिया में उपयुक्त सम्मान दिलाना था।

सन् 1947 के बाद इन पुरुषों और महिलाओं के अनुकरणीय आदर्शों-उदाहरणों से भारत ने प्रेरणा ग्रहण की। समय के साथ-साथ विभिन्न क्षेत्रों—कृषि, उद्योग, स्वास्थ्य, शिक्षा, यातायात एवं परिवहन तथा अन्य क्षेत्रों में आशातीत प्रगति हुई। विशाल जनसंख्या और उसके

कारण उत्पन्न निर्धनता के बावजूद भारत जैसा विशालतम लोकतंत्र दुनिया को विस्मय में डालनेवाला है।

पर्याप्त विदेशी सहयोग से भारत ने विज्ञान, प्रौद्योगिकी तथा औद्योगिक क्षेत्र में विकास के लिए कई महत्त्वपूर्ण योजनाओं का शुभारंभ किया। पिछले लगभग 250 वर्षों में जिस प्रकार पश्चिमी देशों ने औद्योगिकीकरण में अपना प्रभुत्व स्थापित किया, उसे प्राप्त करने के लिए प्रयास किए गए। देश के कुछ नए उद्योगों ने तो इस क्षेत्र में महत्त्वपूर्ण सफलता प्राप्त की; परंतु कई अन्य उद्योग विदेशी तकनीक पर ही आश्रित रहते हुए लगातार आयात में प्रवृत्त रहे।

परिणामस्वरूप कई महत्त्वपूर्ण उद्योग क्षेत्र संबंधी तकनीक अथवा नवीन खोज के लिए विदेशी स्रोतों पर निर्भर हो गए। सरकारी नीतियों में यद्यपि विज्ञान तथा तकनीकी के क्षेत्र में आत्मनिर्भरता और प्रतिबद्धता को भारत का लक्ष्य घोषित किया जाता रहा प्रौद्योगिकी तथापि वास्तविक तौर पर हम अपने लक्ष्य से दूर ही रहे।

उदाहरण के लिए इस्पात को लेते हैं, जो सबसे प्रामाणिक पदार्थों में एक माना जाता है। आप जानते हैं कि इस्पात का निर्माण लौह से होता है। इस्पात किसी भी प्रकार के निर्माण कार्य के लिए अत्यावश्यक है—चाहे वह भवन, पुल, रेलमार्ग आदि हो या फिर जहाज निर्माण हो। इस प्रकार औद्योगिकी और प्रौद्योगिकी विकास के लिए संघर्ष कर रहे किसी राष्ट्र के लिए यह अत्यंत महत्त्वपूर्ण है। हमारे देश के दूरदर्शी और स्वप्नद्रष्टा उद्योगपति जे.एन. टाटा ने स्वतंत्रता से कई वर्ष पूर्व इसके महत्त्व को समझते हुए जमशेदपुर में एक इस्पात संयंत्र की स्थापना की। इससे पूर्व उच्च कोटि के लौह अयस्क की पर्याप्त उपलब्धता के बावजूद भारत में इस्पात का उत्पादन स्तर अत्यंत निम्न था। इस्पात उद्योग का जोरदार शुभारंभ करने के लिए भारत ने तीन देशों से सहयोग प्राप्त किया। पूर्व सोवियत संघ (अब कई गणराज्यों में विभाजित) ने मध्य 1950 और 1960 के दशकों में भिलाई तथा बोकारो में इस्पात संयंत्र

स्थापित करने में सहयोग प्रदान किया। दुर्गापुर इस्पात संयंत्र की स्थापना के लिए ब्रिटेन का और राउरकेला संयंत्र की स्थापना के लिए पश्चिमी जर्मनी का सहयोग मिला। उसके बाद अपनी आवश्यकताओं के लिए विदेशी प्रौद्योगिकी अपनाने और भारतीय ढाँचे के अनुकूल भावी संयंत्र के निर्माण के संबंध में नवीन संभावनाओं की खोज करने के बजाय भारत कई दशकों तक विदेशी सहायता पर निर्भर रहा। यही स्थिति अन्य कई उद्योग क्षेत्रों की भी रही।

कुछ अन्य देशों की अपेक्षा भारत में निर्धनता अधिक क्यों है?

आपको आश्चर्य होता होगा कि दुनिया के कुछ देश पूर्ण समृद्धि की स्थिति में कैसे हैं, जबकि भारत जैसे कुछ अन्य देशों में गरीबी तथा अभाव की स्थिति है?

इस संबंध में सचमुच कोई रहस्य नहीं है। इसके पीछे एक ऐतिहासिक तथ्य यह रहा है कि इन विकसित देशों के लोग वर्षों तक यह विश्वास करते रहे कि उन्हें शक्तिशाली और समृद्ध देश में खुशहाल जीवन व्यतीत करना है। अपने इस लक्ष्य को प्राप्त करने के लिए वे निरंतर कड़ा संघर्ष करते रहे। इसके लिए उन्हें जोखिम भी उठाने पड़े। अपने लक्ष्य को सामने रखते हुए तथा पर्याप्त अनुशासन और उपयुक्त कार्यनीति का पालन करके वे अपने स्वप्न को साकार करने के लिए सतत प्रयत्नशील रहे। इसी तरह अपना एकीकृत लक्ष्य निर्धारित करके और उसे प्राप्त करने के लिए निरंतर संघर्ष करते हुए हम भी अपने देश की आम जनता को बेहतर जीवन प्रदान कर सकते हैं।

तमिल साहित्य के मेरे प्रिय प्राचीन ग्रंथ 'तिरुक्कुरल' में लिखा है—

வெள்ளத் தனைய மலர்நீட்டம் மாந்தர்தம்
உள்ளத் தனைய துயர்வு

(—अर्थात् नदी अथवा झील की गहराई जितनी भी हो और उसका जल भी चाहे जैसी अवस्था में हो, पर कुमुदिनी तो सदैव खिलती और विकसित होती रहती है।)

ठीक इसी प्रकार अपने लक्ष्य के प्रति समर्पण और प्रतिबद्धता के साथ काम करते हुए सफलता प्राप्त की जा सकती है।

लक्ष्य के प्रति समर्पण और दृढ़ निश्चय सचमुच कमाल कर सकता है। द्वितीय विश्वयुद्ध के समय जापान लगभग पूरी तरह ध्वस्त हो चुका था। भीषण बमबारी के कारण जापान के 54 नगर और टोकियो शहर लगभग ध्वंसावशेष भर रह गए थे। इस युद्ध के दौरान 30 लाख जापानी मारे गए थे और उसके बाद भी कुपोषण की समस्या के कारण हजारों लोगों की जानें गई थीं। सन् 1949 तक जापान की अर्थव्यवस्था संकट से जूझती रही। इन विपरीत परिस्थितियों के बावजूद आज जापान दुनिया के सर्वाधिक विकसित और समृद्ध देशों में से एक है। यह लक्ष्य प्राप्त करने के लिए जापान की सरकार और वहाँ की जनता ने दृढ़ निश्चय के साथ अपनी दूरदृष्टि का प्रयोग करते हुए लगातार संघर्ष किया। ठीक यही स्थिति दक्षिण कोरिया की भी रही है, जो कई उद्योगों में आज विश्व बाजार में अग्रणी बन चुका है।

अपने लक्ष्य को प्राप्त कर पाने में हमारे लिए सबसे बड़ा खतरा है—आत्मविश्वास की कमी। यह खतरा उस समय और बढ़ जाता है जब हम ऐसे लोगों के कारण देश के विकास के अपने उद्देश्य से विचलित हो जाते हैं, जो अपनी स्वार्थ-पूर्ति के लिए हमारी एकता की भावना को ठेस पहुँचाकर लोगों को बाँटने का प्रयास करते हैं। भारत के संविधान में सभी नागरिकों को समानता का अधिकार दिया गया है। अब जाति, धर्म अथवा जीवन-शैली के आधार पर लोगों में भेद करने की प्रवृत्ति को समाप्त करने का समय आ गया है। भारत का वास्तविक सौंदर्य उसमें निहित अनेकता और स्वतंत्रता है। देश की इन विशिष्टताओं

पर गर्व करते हुए आम जनता का जीवन खुशहाल बनाने के लिए दृढ़ निश्चय और उपयुक्त अनुशासन में कार्य करना है। ऐसा तभी हो सकता है जब हम अपने सभी देशवासियों की अनेकता को सहर्ष स्वीकार करते हुए देश के शांत और खुशहाल भविष्य का निर्माण करने के लिए समन्वित रूप से प्रयास करें। हमें अपने अतीत से सीख लेकर ही अपने भविष्य का निर्माण करना है—यह तभी संभव है, जब हम सभी स्वयं को एक राष्ट्र के रूप में मानकर देश के विकास के लिए सामूहिक प्रयास करें।

भारत की आत्मा गाँवों में निवास करती है—देश की कुल आबादी का 70 प्रतिशत भाग ग्रामीण जनता का है। इस प्रकार देश के वास्तविक विकास के लिए पहले हमें गाँवों का विकास करना होगा। भारत के गाँव अब अधिक दिनों तक निर्धन और सुविधा-विहीन नहीं रह सकेंगे। उन्हें आधुनिक जानकारी एवं तकनीकी उपलब्ध कराकर उनका कायापलट करना है। विकसित भारत समृद्ध गाँवों की एक व्यवस्था होगी, जो विभिन्न प्रकार की सुविधाओं—भौतिक और नैतिक, दूरचिकित्सा, दूरशिक्षा और ई-कॉमर्स आदि एक-दूसरे से जुड़े होंगे।

जैव तकनीकी, जैव विज्ञान, कृषि विज्ञान और उद्योगों के विकास से नए समृद्ध भारत का निर्माण करने में सहायता मिलेगी। अपने व्यक्तिगत हित और राजनीतिक प्रभावों से ऊपर उठकर अपने कार्य के प्रति व्यावसायिक दृष्टिकोण से समर्पित राजनीतिक नेताओं और प्रशासकों के सहयोग से भी इस प्रक्रिया में लाभ मिलेगा। इससे ग्रामीण और शहरी क्षेत्र में विकास की असमानता को कम किया जा सकेगा। ग्रामीणों को भी आधुनिक जीवन-शैली उपलब्ध हो सकेगी। इसके साथ-ही-साथ देहातों के प्राकृतिक सौंदर्य का संरक्षण भी आवश्यक है।

विकसित देश कैसा होता है?

विकसित देश के संदर्भ में बात करें, तो उसमें कई पहलुओं को

शामिल किया जाता है। राष्ट्र की संपदा, उसके प्रत्येक नागरिक की खुशहाली और अंतरराष्ट्रीय स्तर पर अन्य देशों के समक्ष उसकी स्थिति—ये सभी किसी विकसित देश के सूचक हैं। परंतु व्यावहारिक रूप से देखा जाए तो आपको विकसित देशों के विस्तृत तथ्यों और आँकड़ों का विश्लेषण करने की आवश्यकता नहीं है। यदि आप अपने चारों ओर देखें तो विकसित और विकासशील देशों के मध्य अंतर का अनुभव कर सकते हैं।

किसी विकसित देश में जीवन की कुछ निश्चित मूलभूत सुविधाएँ उपलब्ध होती हैं। उदाहरण के लिए अच्छी और पर्याप्त सड़कें, गलियों में प्रकाश की व्यवस्था, सफाई एवं जल आपूर्ति की उचित व्यवस्था। अपने चारों ओर देखने पर क्या आपको यह सब उपलब्ध दिखाई देता है?

'विकसित' देश होने का अर्थ यह नहीं है कि उस देश के लोग सारी चिंताएँ छोड़कर खाली बैठ जाएँ। परिश्रम तो जीवन का एक आवश्यक अंग है। इसका अर्थ यह होता है कि उनके पास विभिन्न मान्य सुविधाएँ उपलब्ध हैं, जो भारत में अब तक उपलब्ध नहीं हो पाई हैं। उदाहरण के लिए, देश में सबके लिए शिक्षा की व्यवस्था है। सतह विद्युत् आपूर्ति की सुविधा है, इसलिए परीक्षा की तैयारी के समय आपकी पढ़ाई बाधित नहीं होनी चाहिए। अस्पतालों में सफाई की उचित व्यवस्था है और उनमें पर्याप्त चिकित्सक तथा चिकित्सा उपकरण उपलब्ध हैं। जब यह सबकुछ भारत के कोने-कोने तक पहुँच जाएगा, तभी हम अपने आपको पूरी तरह विकसित राष्ट्र मान सकते हैं।

राष्ट्र की संपदा

किसी राष्ट्र की संपदा के निर्माण का सूचक है—**सकल घरेलू उत्पाद (जी.डी.पी.)**।

सकल घरेलू उत्पाद (**जी.डी.पी.**) किसी निश्चित वर्ष में देश द्वारा उत्पादित सभी प्रकार की वस्तुओं, सेवाओं और अन्य मौद्रिक लाभ का कुल योग होता है। इसमें उपभोग की वस्तुओं तथा निवेश पर व्यक्तिगत, कंपनी तथा सरकारी खर्चों के रूप में व्यय की गई कुल मुद्रा तथा आयात-निर्यात में किए गए कुल व्यय का योग शामिल होता है।

विभिन्न देशों के सकल घरेलू उत्पाद की तुलना करने के लिए हम सभी प्रकार की मुद्राओं को एक यूनिट—प्रायः डॉलर में बदल लेते हैं। आप जानते हैं कि विभिन्न देशों की मुद्राओं की विनिमय दर अलग-अलग होती है। जिस पर आप अपनी घरेलू मुद्रा का उससे विनिमय कर सकते हैं। वर्तमान में रुपया और डॉलर की विनिमय दर लगभग 45 रुपए = 1 डॉलर है। वैसे आप 1 डॉलर में वह वस्तु नहीं खरीद सकते जो 45 रुपए से खरीद सकते हैं। अमेरिका में 1000 डॉलर वेतन पानेवाला व्यक्ति धनी नहीं हो सकता, जबकि भारत में 45000 रुपए वेतनवाला व्यक्ति धनी हो सकता है। यह 'क्रयशक्ति समता' 'पी.पी.पी.' की अवधारणा पर आधारित है।

क्रयशक्ति समता सिद्धांत एक प्रणाली है, जिसमें विभिन्न देशों की मुद्राओं की विनिमय दर की गणना की जाती है। क्रयशक्ति समता विनिमय दर का प्रयोग जीवन स्तर की अंतरराष्ट्रीय तुलना के लिए किया जाता है। इसमें संबंधित देश की मुद्रा की क्रयशक्ति के आधार पर उसके सापेक्ष मूल्य की गणना की जाती है। लाक्षणिक रूप से कई वस्तुओं की गणना या माप अर्थव्यवस्था में उसके महत्त्व के अनुसार की जाती है।

क्रयशक्ति समता के आधार पर उच्च सकल घरेलू उत्पादवाले देश (2002)

देश	सकल घरेलू उत्पाद
अमेरिका	10.40
चीन	5.70
जापान	3.55
भारत	2.66
जर्मनी	2.18
फ्रांस	1.54
ब्रिटेन	1.52
इटली	1.44
रूस	1.35

(सभी संख्याएँ पद्‌म अमेरिकी डॉलर में।)

इस सारणी में अमेरिका प्रथम स्थान पर और भारत चौथे स्थान पर है। हम कह सकते हैं कि हमारा प्रदर्शन अधिक खराब नहीं है; परंतु आइए, भारत व अमेरिका के मध्य अंतर पर एक सूक्ष्म दृष्टि डालें—

विविध क्षेत्र	अमेरिका	भारत
क्षेत्रफल	93,72,610 वर्ग किमी.	32,87,590 वर्ग किमी.
जनसंख्या	28.20 करोड़	101.6 करोड़
सकल घरेलू उत्पाद वर्ष 2002 (पद्‌म अमेरिकी डॉलर में)	10.40	2.66
प्रति व्यक्ति आय	36,300 डॉलर	2,900 डॉलर
साक्षरता	97 प्रतिशत	62 प्रतिशत
जीवन प्रत्याशा	पुरुष–73	पुरुष–63
	स्त्री–79	स्त्री–61.4

अमेरिका में प्रति व्यक्ति आय भारत में प्रति व्यक्ति आय से लगभग तेरह गुना अधिक है। स्पष्ट है, हमारी समृद्धि का स्तर अधिक निम्न है।

> देश की कुल आय में देश की कुल जनसंख्या का भाग देकर **प्रति व्यक्ति आय** की गणना की जाती है।

लोगों की समृद्धि

भारत को अपनी विशाल और लगातार बढ़ रही जनसंख्या पर नियंत्रण करना है और उसके भरण-पोषण एवं अन्य सुविधाओं में वृद्धि करनी है। अत: देश के लोगों के जीवन स्तर में सुधार लाने के लिए अधिक उत्पादन और संपदा की आवश्यकता है—अर्थात् हमें अपनी अर्थव्यवस्था का तेजी से विकास करना है। अमेरिका में अर्थव्यवस्था विकास की औसत वृद्धि दर 2.5 प्रतिशत है। हमें अपनी कुल राष्ट्रीय आय में 10 प्रतिशत प्रतिवर्ष की दर से वृद्धि करनी है। तभी हम अपने देश से गरीबी दूर करके उसे विकसित और समृद्ध बना सकेंगे।

आर्थिक सूचकांक महत्त्वपूर्ण हैं; परंतु इनसे आर्थिक परिदृश्य का मात्र एक भाग ही प्रकट होता है। ऐसी स्थिति में आँकड़े मनुष्य की अनेक समस्याओं को छिपा सकते हैं।

प्रति व्यक्ति आय उन असमानताओं को सूचित नहीं करती, जो धन-संपदा में उपस्थित होती हैं। चारों ओर एक दृष्टि डालने पर आप अनुभव कर सकते हैं कि सभी लोगों के पास उपलब्ध धन की मात्रा एक समान नहीं है। आपके घर में सफाई का काम करने के लिए जो महिला आती है, उसकी आय उतनी नहीं है जितनी आपके माता-पिता की होगी और शायद आपके माता-पिता की आय भी किसी उद्योगपति की आय से कम होगी। प्रति व्यक्ति आय की गणना करते समय आपकी इन असमानताओं को प्रदर्शित न करते हुए एक औसत निकाला जाता है।

वास्तव में, इस तरह की असमानताएँ विश्व भर के देशों में विद्यमान हैं। परंतु किसी विकसित देश में निम्न आय वर्ग के लोगों को भी बेहतर जीवन व्यतीत करने के लिए कुछ निश्चित सुविधाएँ उपलब्ध होती हैं, जो विकासशील देशों में उपलब्ध नहीं हो सकती हैं। विकसित देशों में कई प्रकार की सामाजिक सुरक्षा योजनाएँ चल रही हैं, जो लोगों को बेरोजगारी अथवा लंबी बीमारी की स्थिति में सहायता देती हैं। विभिन्न क्षेत्रों में उच्च तकनीकी के प्रयोग से यह सुनिश्चित किया जाता है कि लोगों को रिक्शा खींचनेवालों, घर में नौकरी करने वाले घरेलू नौकरों की तरह निम्न कुशलता तथा निम्न आय की नौकरी अथवा व्यवसाय के लिए संघर्ष नहीं करना पड़ेगा।

राष्ट्रीय नमूना सर्वेक्षण (एन.एस.एस.) सन् 1999-2000 के अनुसार, भारत की कुल जनसंख्या का 23-26 प्रतिशत भाग या 23.6-26.4 करोड़ लोग गरीबी रेखा के नीचे जीवनयापन कर रहे हैं। सन् 1993-94 में लगाए गए अनुमान के अनुसार, 36 प्रतिशत या 32.3 करोड़ लोग गरीबी रेखा के नीचे रह रहे लोगों की संख्या में महत्त्वपूर्ण कमी आई है। सन् 2020 तक हमें इसे प्रतिशत तक लाना है!

उपयुक्त प्रत्याशित आयु, मूलभूत आवश्यकताओं की पूर्ति कर सकनेवाले व्यवसाय अथवा नौकरी की उपलब्धता और सबके लिए अच्छी स्वास्थ्य सुविधाएँ उपलब्ध कराना हमारे विकसित भारत का सपना है। कोई देश अपने नागरिकों के लिए ये सुविधाएँ कितने बेहतर ढंग से उपलब्ध कराता है, इसका मूल्यांकन निम्नलिखित बिंदुओं के आधार पर किया जाता है—

1. क्या सभी लोगों को पर्याप्त और पोषक तत्त्वोंवाला भोजन उपलब्ध है?
2. लोगों की प्रत्याशित आयु क्या है?

3. शिशु मृत्यु-दर कितनी है ?
4. पेयजल की पर्याप्त उपलब्धता है या नहीं ? और उसकी गुणवत्ता क्या है ?
5. किसी व्यक्ति के घर और उसके कार्यस्थल में सफाई की उचित व्यवस्था है या नहीं ?
6. क्या सबके लिए पर्याप्त चिकित्सा सुविधाएँ उपलब्ध हैं ?
7. क्या विद्यार्थियों को अपनी रुचि के अनुसार पर्याप्त और गुणवत्तापूर्ण शिक्षा की व्यवस्था है ?
8. क्या लोगों को आधुनिक विश्व में अच्छी आय सुनिश्चित करनेवाला रोजगार प्राप्त करने के लिए कुशलता हासिल करने के अवसर और सुविधाएँ हैं ?
9. क्या अच्छी सड़कों, पर्याप्त और निरंतर विद्युत् आपूर्ति तथा दूरसंचार की सुविधाएँ उपलब्ध हैं ?
10. क्या आम लोग स्वयं को सुरक्षित महसूस करते हैं ?

जब ये सारी सुविधाएँ देश के कोने-कोने तक और प्रत्येक व्यक्ति तक पहुँच जाएँ, तभी हम किसी देश को वास्तव में विकसित देश कह सकते हैं।

अंतरराष्ट्रीय स्तर पर स्थिति

प्राचीन समय में किसी देश अथवा राज्य की दुनिया में स्थिति का निर्धारण उसके साम्राज्य क्षेत्र अर्थात् कुल क्षेत्रफल के आधार पर किया जाता था। आज स्थिति बदल गई है। आज किसी देश की स्थिति का निर्धारण मुख्य रूप से उसकी आर्थिक शक्ति और संसाधनों के आधार पर किया जाता है।

यातायात एवं संचार व्यवस्था में हुई वृद्धि से आज पूरा विश्व एक बाजार स्थल (व्यापार क्षेत्र) बन गया है। यदि आप किसी बड़े शहर में

रहते हैं तो आज अपने स्थानीय बाजार या मंडी में अमेरिका अथवा न्यूजीलैंड के कीवी फल खरीद सकते हैं। इस प्रकार उत्पादक देशों से अन्य देशों के बाजारों तक वस्तुओं का यह प्रवाह वैश्वीकरण का एक अंग है।

वस्तुओं और सेवाओं का यह मुक्त प्रवाह देश में हर समय बना रहता है। इस प्रकार हिमाचल प्रदेश में उगाए गए सेब और महाराष्ट्र में तैयार की गई दवाइयाँ पंजाब तक पहुँचती हैं; क्योंकि ये क्षेत्र इन वस्तुओं के प्रमुख उत्पादक क्षेत्र हैं। दूसरी ओर, चूँकि पंजाब गेहूँ का प्रमुख उत्पादक क्षेत्र है, इसलिए हिमाचल प्रदेश और पंजाब के लोग पंजाब में उगाया गया गेहूँ खरीद सकते हैं।

सैद्धांतिक रूप से वैश्वीकरण का अर्थ है वस्तुओं और सेवाओं का वह मुक्त प्रवाह, जो किसी देश के क्षेत्रों तक व्याप्त हो। इस प्रकार जो देश अन्य देशों की अपेक्षा अधिक सस्ती व बेहतर तकनीक से युक्त कार का उत्पादन कर सकता है, वह विश्व के सभी देशों को अपने यहाँ निर्मित कार का निर्यात कर सकता है। इसी प्रकार जिन देशों में कंप्यूटरों का उत्पादन नहीं होता है तथा कंप्यूटर उन्हें बाहर से आयात करने पड़ते हैं, उन्हें सस्ते तथा बेहतर कंप्यूटर का उत्पादन करनेवाले देश निर्यात कर सकते हैं। इसे ही कहा जाता है—एक देश की प्रतिस्पर्धा के कारण प्राप्त होनेवाला सर्वश्रेष्ठ लाभ।

> भूमंडलीकरण को इस रूप में बताया जा सकता है कि जब देश माल का उत्पादन करते हैं और उस माल को पूरे विश्व में बेचने के लिए दूसरे देशों से प्रतियोगिता करते हैं तो इससे अंतरराष्ट्रीय व्यापार, विनिवेश व पूँजी में वृद्धि होती है।

राष्ट्र यह निर्णय कैसे लें कि उन्हें क्या उत्पादित करना है? यह प्राकृतिक देन भी हो सकती है, जैसे भूगोल या प्राकृतिक संसाधनों की

उपलब्धता और जलवायु। यह भी हो सकता है कि किसी देश को किसी खास चीज के उत्पादन में लंबे समय से विशिष्टता प्राप्त हो, जैसे कि फ्रांस में शराब उत्पादन को। वैसा क्षेत्र, जिसमें देश के पास कुछ उत्पादित करने की योग्यता होती है, मुख्य स्पर्धा कहलाती है।

> मुख्य स्पर्धा एक ऐसा आधारभूत ज्ञान है, जो किसी विषय-क्षेत्र या कौशल के विवरण में विशेषज्ञता अथवा योग्यता स्थापित करता है।

इसलिए भूमंडलीकरण के पीछे प्रमुख विचार यह है कि सभी राष्ट्र केंद्रीय सक्षमता को विकसित करेंगे और वैसी चीजों का उत्पादन करेंगे जिसमें वे निपुण हैं। ऐसी स्पर्धा, देश के भीतर और दूसरे देशों के साथ दोनों, देश को सक्षम और मजबूत बनाने में मददगार होगी।

प्रयास के बावजूद भी यहाँ माल और सेवाओं के आवागमन पर अकसर अवरोध लगा रहता है। जैसा कि सभी देश एक ही विश्व बाजार में बेचने का प्रयास कर रहे हैं, यह स्वाभाविक है कि उनके पास वस्तुओं के उत्पादन के अवसर आसानी से उपलब्ध हो जाते हैं। कुछ विकसित राष्ट्र दूसरे देशों को विकसित स्तर तक पहुँचने के अवसर नहीं देते। यहाँ तक कि जब कोई राष्ट्र इन विकसित राष्ट्रों द्वारा खड़े किए गए अवरोधों से सामना करने की तैयारी करता है तो फिर नई सीमाओं या अवरोधों को बना दिया जाता है। भारत को ऐसी कठिनाइयों का सामना करने के लिए तैयार रहना होगा, क्योंकि दृष्टि को यह अपनी पहचान कर आगे बढ़ने का कार्य है।

आगे का मार्ग

एक विकसित भारत के निर्माण हेतु आवश्यक है कि हम अपने आप पर विश्वास रखें और यह सुनिश्चित करें कि एक राष्ट्र के रूप में हम क्या कर सकते हैं?

कहीं-कहीं ऐसा प्रतीत होता है कि हमने स्वयं के प्रति अपना विश्वास खो दिया है। कुछ लोग यह भी सोचते हैं कि विदेशी चीजें अपेक्षाकृत अच्छी होती हैं। आप स्वयं देख लें, जब आप किसी दुकान पर जाते हैं, यहाँ तक कि घटिया किस्म के आयातित माल को इस विश्वास के साथ खरीदने के इच्छुक रहते हैं कि वे किसी भी तरह से हमारे देश में बन रहे उत्पादों से बेहतर होंगे।

कभी-कभी हम भारत की, उसकी उपलब्धियों के लिए, प्रशंसा नहीं कर पाते हैं। मेरे पास चमकदार एवं शानदार प्रकाशित जर्मन कैलेंडर यूरोप और अमेरिका के नक्शे के साथ है, जो कि उपग्रह से ली गई तसवीरों पर आधारित है। जब लोगों को बताया गया कि ये तसवीरें भारतीय दूर संवेदी उपग्रह के द्वारा ली गई हैं, तब भी उन्हें यह विश्वास नहीं हुआ। उन्हें तसवीर के नीचे प्रशंसा-चिह्न दिखाया जाना चाहिए।

एक देश के रूप में हमें साहसी बनना होगा और अपनों के लिए कार्य करना होगा। जब गांधीजी ने आजादी पाने के लिए अहिंसा और सत्याग्रह जैसे तरीकों को अपनाया, तब यह एक बड़ी खोज थी। आज भी हमें महान् खोज करनी होगी और अपने स्वप्नों के भारत का निर्माण करना होगा। देश के नेताओं के समक्ष सबसे महत्त्वपूर्ण कार्य यह है कि सभी लोग, जो देश को बदल सकते हैं, उन्हें एकजुट करना और उनसे इस लक्ष्य के प्रति काम करवाना। प्रत्येक भारतीय एक परिवर्तन ला सकता है—विशेषकर देश के युवा।

गहन अध्ययन से पता चलता है कि भारत के विकास के प्रमुख सिद्धांत या कार्यक्षेत्र इस प्रकार हैं—

कृषि एवं खाद्य संसाधन	स्वास्थ्य सुविधा
सामान और उत्पादक उद्योग	शिक्षा
रसायन उद्योग और जैव तकनीक	विवेचनात्मक तकनीक

इन सभी क्षेत्रों में भारत के पास केंद्रीय क्षमता है, जिसे पूर्ण उपयोग के लिए विकसित करने की जरूरत है। इस पुस्तक में आप पढ़ पाएँगे कि इन क्षेत्रों में भारत ने क्या हासिल किया है। वर्ष 2020 तक विकसित राष्ट्र बनने के लक्ष्य तक पहुँचने के क्रम में और क्या प्राप्त करने की जरूरत है ? इसे पढ़ें, अपने राष्ट्र को समझें और देखें कि आप 'दृष्टि 2020' को वास्तविक बनाने हेतु क्या योगदान दे सकता है। □

कृषि और खाद्य संसाधन

जब मैं भारत के बारे में सोचता हूँ तब गेहूँ के अंतहीन हरे-भरे खेतों, चावल और दूसरी फसलों तथा सब्जियों, मंथर गति से आगे बढ़ती नदियों एवं छायादार वृक्षों से घिरे गाँव के तालाबों के बारे में ही सोचता हूँ। भारत प्रचुर मात्रा में प्राकृतिक संसाधनोंवाला एक उपजाऊ भूमिवाला देश है। हम लोग द्वितीय हरित-क्रांति की मदद से निश्चित ही एक अरब की जनसंख्या को खिलाने के लिए पर्याप्त खाद्यान्न उत्पन्न कर सकते हैं।

अधिक अनाज उत्पादन करना क्यों जरूरी है, इसका प्रमुख कारण यह है कि खाद्यान्न की उपज का बढ़ती जनसंख्या के साथ मेल करना जरूरी है। आप इस सूची को देखें—

वर्ष	जनसंख्या (करोड़ में)
1700	12.7
1900	27.1
1947	34.5
1960-61	43.9
1970-71	54.8
1980-81	68.3
1990-91	84.6
1999	1,00.0
2000-01	1,02.7

आप पाएँगे कि आजादी के बाद देश की जनसंख्या में तेजी से बढ़ोतरी हुई है। इस प्रकार जितना भी खाद्यान्न हम उत्पादित करते हैं, उसका जनसंख्या की बढ़ती दर से मेल करना कठिन होता है; परंतु आधुनिक तकनीकी से इस समस्या का हल हो सकता है—जब किसी भारतीय कृषि भूमि को साहसी किसानों एवं बेहतर कृषि तकनीकी द्वारा जोता जाए।

सन् 1960 में भीषण सूखे से देश में खाद्यान्न की कमी हो गई थी और भारत को अमेरिका के आयातित गेहूँ पर निर्भर रहना पड़ा था। सी. सुब्रमण्यम, जिन्होंने राजनीतिक क्षेत्र में हरित क्रांति पर जोर दिया और कृषि वैज्ञानिक डॉ. एम.एस. स्वामीनाथन ने तकनीकी क्षेत्र को सँभाला था। उन्होंने वर्ष 1960 के मध्य में आए इस भीषण संकट को सूखे के संकटकालीन समय के दौरान (1966-67) में विस्तार से वर्णित किया। तत्कालीन अमेरिकी राष्ट्रपति जॉनसन अपनी कुछ नीतियों के कारण गेहूँ को अल्प मात्रा में मुक्त करते थे। यह वह समय था, जब हम उस स्थिति पर पहुँच गए थे कि हमारे पास केवल दो सप्ताह के लिए ही खाद्यान्न का भंडार शेष था।

इस संकटकालीन हालात ने देश के नेतृत्व को खाद्यान्न उत्पादन में दूसरे देश के ऊपर निर्भर न रहने को मजबूर किया। यही प्रयास हरित क्रांति के तौर पर पहचाना गया।

हरित क्रांति

भारत को दयनीय हालत से मुक्त कराने के लिए हरित क्रांति की शुरुआत हुई। 1967 से 1978 के दौरान पारंपरिक कृषि में तीन महत्त्वपूर्ण बदलाव हुए। अधिकाधिक भूमि सिंचाई के अंतर्गत लाई गई, वर्तमान कृषि भूमि पर ही फसल को उपजाया गया और सबसे महत्त्वपूर्ण उच्च उत्पादकतावाले बीजों की विभिन्न किस्मों के साथ उर्वरकों का प्रयोग किया गया। बाजार में उत्पादकों को बेचने हेतु किसानों को राजी करने

के लिए संस्थागत सहायता भी मिली। इसी प्रयास के परिणामस्वरूप भारत सन् 1970 में खाद्यान्न में आत्मनिर्भर हो गया। इसके साथ वर्ष 1978-79 में 13.1 करोड़ टन अनाज का उत्पादन हुआ।

आप नीचे दी गई सूची से जान पाएँगे कि हरित क्रांति के परिणामस्वरूप भारत का खाद्यान्न उत्पादन नाटकीय ढंग से बढ़ा। अब खाद्यान्नों के आयात की आवश्यकता बहुत कम हो गई है और पर्याप्त बफर भंडार भी है। जून 2002 में बफर भंडारण 6.4 करोड़ टन तक था। हम लोग कुछ खाद्यान्नों की निश्चित मात्रा निर्यात भी कर सकते हैं। जब हमारे यहाँ वर्ष 1979 और 1987 में भीषण सूखा पड़ा, तब किसी दूसरे देश से अन्न के लिए सहायता माँगने की जरूरत नहीं पड़ी।

	1950	1960	1970	1980	1990	2000
खाद्यान्न उत्पादन	5.08	8.20	10.84	12.96	17.64	20.18
खाद्यान्न आयात	.48	1.04	.75	0.8	0.3	—
बफर स्टॉक	—	2.0	—	15.5	20.8	40.0

(सभी आँकड़े करोड़ टन में।)

यदि प्रत्येक भारतीय को अच्छा पोषक और पर्याप्त भोजन मिले तो इसके लिए वर्ष 2020 तक हमें 36 करोड़ टन खाद्यान्न की आवश्यकता पड़ेगी। इससे अच्छे घरेलू उपयोग में मदद मिलेगी और दूसरे देशों को जरूरत के समय खाद्यान्न निर्यात भी किया जा सकता है। इस मिशन के लिए शोध, तकनीकऔर कृषि विस्तार में तथा उससे भी बढ़कर प्रबंधन, भंडारण और वितरण में एक महान् क्रांति लाने की जरूरत है। आगे भी कई चुनौतियाँ हैं। हम लोग अभी तक वर्षा पर ही निर्भर हैं। अगर लगातार कुछ समय वर्षा न हो तो उपज प्रभावित होगी। इन सभी समस्याओं को दूर करने के लिए हम लोगों को दूसरी हरित क्रांति की आवश्यकता है।

दूसरी हरित क्रांति

सी. सुब्रमण्यम जिनके साथ मैंने इस मुद्दे पर विस्तृत चर्चा की है, के अनुसार, भारत को दूसरी हरित क्रांति शुरू करनी होगी, जिससे कृषि क्षेत्र में उत्पादकता बढ़ेगी। इस क्रांति का मुख्य उद्देश्य मिट्टी से बीज एवं उत्पादन से बाजार के बीच संतुलन स्थापित करना है। कृषि पद्धति द्वारा उच्च उत्पादकता एवं बेहतर वृद्धि प्रमुख मापदंड हैं।

> सी. सुब्रमण्यम ने मुझे बताया था कि उनका एकमात्र सपना था—दूसरी हरित क्रांति लाना। इस ओर कार्य करते हुए उन्होंने सूचना प्रौद्योगिकी मौसम पूर्वानुमान एवं निर्धारण समिति (टाइफैक) की सहायता से राष्ट्रीय कृषि संस्थान की स्थापना की।

दूसरी हरित क्रांति के लिए कुछ महत्त्वपूर्ण तथ्यों पर विचार किया जाना चाहिए— 31

संसाधनों का सदुपयोग—बढ़ती जनसंख्या के भरण-पोषण के लिए भूमि की उत्पादकता को बढ़ाने की जरूरत है। बंजर भूमि में सड़कें बनाकर खाद्य संसाधन उद्योग और भंडारण सुविधा के लिए उपयोग में लाया जा सकता है। ऐसी स्थिति जल के उपयोग में भी है। वर्तमान कृषि तकनीकी के कारण जल की बरबादी होती है। हमें भी जल-संरक्षण तकनीक अपनाने की आवश्यकता है, जैसा कि कई विकसित देश कर चुके हैं। इससे कम जलवाले क्षेत्रों में भी खेती में सहयोग तथा पर्यावरणीय स्थायित्व मिलेगा।

सोच में बदलाव—खाद्य-उत्पादन से खाद्य संसाधन एवं देशी विपणन तक किसान के कार्यक्षेत्र को बढ़ाना होगा। नई तकनीक को काम में लाना होगा। भारत की आबादी के 60 प्रतिशत लोग जीवन-यापन के लिए कृषि पर निर्भर हैं। इसे घटाकर 40 प्रतिशत या कम-से-कम पर लाना होगा। और लोग जो पहले खेती में कार्य करते थे, उन्हें

कृषि-संसाधन और सेवाओं में जाना चाहिए, जहाँ कमाई भी अधिक है। इससे किसान एवं अन्य लोग समृद्धिशाली बनने के लिए अन्य स्थानों का भ्रमण भी कर पाएँगे।

विविधतावाले उत्पाद—नई कृषि तकनीकों को उपयोग में लाना होगा। किसानों को उन फसलों की खेती करने के लिए प्रोत्साहित करना होगा, जिनका प्राकृतिक उपयोग है और अच्छी माँग भी। पशुपालन और नकदी फसलों जैसे दो प्रमुख क्षेत्र उभर रहे हैं।

दूसरी हरित क्रांति के लिए महत्त्वपूर्ण तकनीक, जिसकी जरूरत है—

1. **मृदा संतुलन**—आधुनिक तकनीक द्वारा मिट्टी का परीक्षण कर उसके गुणों में कमी एवं अधिकता की जानकारी होगी। अगर उसमें नमक की अधिकता है तो इसे निष्प्रभावीकरण या अन्य जैविक उपचारों से कम किया जा सकता है। कुछ कमियों या अभावों, जैसे जिंक और फास्फोरस की कमी को कुछ उर्वरकों द्वारा सुधारा जा सकता है, ठीक वैसे ही जैसे कि आपके पास विटामिन्स की गोलियाँ होती हैं। मृदा संतुलन का दूसरा पहलू यह है कि किस मृदा में कौन सी फसल का उपजाना अच्छा होगा और बाजार में उस फसल की माँग के अनुसार किसान उस फसल का उत्पादन स्वयं कर सकते हैं।
2. **जल तकनीकियाँ**—जल की मात्रा, जो उपयोग में लाई जा रही है, उसे कम करना चाहिए। सूक्ष्म इलेक्ट्रॉनिक सर्किटों के उपयोग से कुशल तकनीक, जैसे ड्रिप सिंचाई नियंत्रित रहती है। हम इजराइल का उदाहरण ले सकते हैं, जहाँ सामान्यत: वर्षा नहीं होती है, परंतु अब वह कई कृषि उत्पादों और डेयरी उत्पादन में अग्रणी है।
3. **फसल चक्र और उन्नत बीज**—किसानों को उत्पादन के वर्षों पुराने तरीकों को व्यवस्थित रूप में लागू करना चाहिए।

उदाहरण के लिए, बहुफसल की खेती एवं फसल चक्रण, जो मृदा की रक्षा करने में मदद करते हैं। अब उच्च उत्पादन क्षमता से युक्त एवं हाइब्रिड बीज उपलब्ध हैं, जिनसे विकसित फसल की विभिन्न किस्मों की प्राप्ति होती है। साधारण जैव तकनीक जैसे ऊतक विधि द्वारा सब्जियों, जैसे—आलू, की वृद्धि में योगदान देते हैं। किसान नई फसलों तथा जड़ी-बूटियों की खेती पर भी ध्यान दे सकते हैं।

4. **कीटनाशक और उर्वरक**—जब मैं नॉरमन बॉरलॉग से मिला, जिन्हें कृषि कार्यों के लिए सन् 1970 में नोबेल पुरस्कार मिला, जिसके कारण दुनिया के अनेक भूखे लोगों को भोजन मिला, ने कहा था कि आधुनिक कृषि के लिए उर्वरक सबसे जरूरी हैं। अगर उचित रूप से मिट्टी की जाँच कर सिंचाई पर नियंत्रण किया जाए तो उर्वरकों के उपयोग को कम किया जा सकता है। जैसा कि रासायनिक उर्वरक हमेशा महँगे एवं प्रदूषणकारी होते हैं। हमें कार्बनिक उर्वरक उपयोग में लाने चाहिए। जैव तकनीक इनके निर्माण में काफी मदद करेगी। इस प्रकार जैविक नियंत्रण से कीटनाशकों के प्रयोग में भी कमी लाई जा सकती है।

5. **पशुपालन**—भारत विश्व का सर्वाधिक दुग्ध-उत्पादक देशों में से एक है, जबकि यहाँ दुग्ध के निर्यात में काफी कठिनाइयाँ हैं, परेशानी है; क्योंकि हम अंतरराष्ट्रीय स्तर की जीवाणु-नियंत्रक तकनीक को नहीं जानते हैं। टाइफैक जैसी संस्था ने इस स्तर को स्थापित करने की दिशा में कार्य किया है, विशेषकर पंजाब, कर्नाटक और आंध्र प्रदेश में, ऐसे मानक स्तर को राष्ट्रीय स्तर अपनाना होगा।

6. **स्वच्छ एवं स्वस्थ अवस्था**—निर्यात बाजार तक पहुँचने के लिए कृषि उत्पादों की यह अवस्था अत्यावश्यक है, जिसमें सभी कृषि

उत्पाद—चाहे वह पॉलट्री हो या जानवर या पौधे—सभी को अंतरराष्ट्रीय स्तर से गुजरना चाहिए। भारतीय उत्पाद हमेशा इस स्तर को नहीं अपना पाते हैं, जिसके कारण ये उत्पाद निर्यात-बाजार तक नहीं पहुँच पाते। हालाँकि स्वच्छता की इस अवस्था को प्राप्त करने के लिए तकनीक ज्यादा जटिल नहीं है, पर किसानों को इनसे अवगत कराना होगा और इसे प्राप्त करने के लिए आवश्यक उपकरण उपलब्ध कराने होंगे।

7. **नकदी फसल**—अधिक कमाईवाली फसलें; जैसे—चाय, कपास और मसालों में यह क्षमता है। यह जरूरी है कि इन पर तकनीकी रूप से ध्यान दिया जाना चाहिए, जिसे इनकी जरूरत है। नई नकदी फसलों की खोज किए जाने की भी जरूरत है। उदाहरण के लिए, उत्तरांचल में कृषि शोधकर्ताओं के सहयोग से किसानों ने महत्त्वपूर्ण फसलों का उत्पादन किया है, जिनसे बहुमूल्य राजस्व की प्राप्ति होती है। एलोए वेरा, जो भारत के जंगलों में व्यापक रूप से उगता है, अंतरराष्ट्रीय स्तर पर इसकी बड़ी माँग है। यह कई जड़ी-बूटियों में से एक है, जिसे पूरे विश्व में बेचा जा सकता है। वनीला के बीज व फूल तथा अन्य नकदी फसलें हैं जिनसे अच्छी आमदनी होती है।

विभिन्न कृषि विश्वविद्यालयों में अनेक कृषि विशेषज्ञ इस क्षेत्र में काम कर रहे हैं। उदाहरण के लिए, TIFAC बिहार, उत्तर प्रदेश और उत्तरांचल के किसानों को महत्त्वपूर्ण सूचना दे रही है और मदद कर रही है। वहाँ पहले फसल उत्पादन बहुत कम था। बिहार में सिर्फ वर्ष 1999 से 2003 के बीच धान का उत्पादन 2 टन प्रति हेक्टेयर (1 हेक्टेयर = 2.54 एकड़) से लगभग 5.8 टन प्रति हेक्टेयर पर जा पहुँचा और गेहूँ का उत्पादन 2 टन प्रति हेक्टेयर से 5 टन प्रति हेक्टेयर पर पहुँच गया। इससे किसानों की आमदनी में एक बड़ा परिवर्तन आया।

वैज्ञानिक सूचनाओं द्वारा शिक्षा

भारतीय कृषकों की पारंपरिक छवि यह है कि वे गरीब एवं अशिक्षित हैं। कृषि में नए विकास तक उनकी पहुँच नहीं है और वे नए विकास से बिलकुल अनजान हैं। अब संचार के इतने उपलब्ध तरीकों के बाद सूचनाओं का चौतरफा प्रसार मुश्किल नहीं है, जिससे किसानों को अपने कार्य-उत्पाद को और लाभदायक बनाने में मदद मिलेगी।

सूचना तकनीक और दूर-परामर्श—क्षेत्र विशेष की कृषि सूचनाओं का समृद्धिशाली संग्रह बनाए रखना जरूरी है, जिससे जरूरतमंद किसानों के बीच इसे बाँटा जा सके। ऐसी सूचनाओं का प्रसार मृदा-समृद्धता, बीज चुनाव तथा मानसून के आगमन की सूचना तक होना चाहिए। बाजार के बारे में जानकारियाँ और राष्ट्रीय एवं अंतरराष्ट्रीय बाजारों में कृषि उत्पाद मूल्य किसानों को यह सुनिश्चित करा पाएगा कि वे क्या उपजाएँ। सूचना तकनीक ऐसी सूचनाओं के संग्रह और वितरण को आसान बना देती है।

जिला और पंचायत स्तर की संस्थाओं तक को सूचना एवं प्रौद्योगिकी को यंत्र के रूप में नवीन सूचनाओं को प्राप्त करने में आगे बढ़ने की जरूरत है और किसानों को उनकी मातृभाषा में उपलब्ध कराना भी। इस प्रक्रिया में कृषि विश्वविद्यालय सहारा दे सकते हैं। सूचनाओं और आँकड़ों का कोष बनाना चाहिए। यह सभी किसानों के लिए बड़ा ही लाभकारी होगा। ऐसे साहसिक कार्यों के लिए भविष्य उज्ज्वल है। इससे अच्छी कमाई हो पाएगी।

कृषि-संसाधनों, यातायात, भंडारण और बाजार-प्रणाली

पिछले कुछ दशकों से भारतीय दुकानों में विभिन्न प्रकार के प्रसंस्क रित खाद्य पदार्थों की अनेक किस्मों की बाढ़-सी आ गई है। इसके परिणामस्वरूप खाद्य प्रसंस्करण उद्योग में उपयोगी कृषि उत्पादों की माँगों में वृद्धि हो गई है, जो 30 वर्ष पूर्व में सामान्यतः बिलकुल नहीं

थी। क्या आप जानते हैं कि आपके नाश्ते के कॉर्नफ्लेक के लिए खास किस्म के अनाज की जरूरत पड़ती है और आलू के चिप्स और वेफर, जो आप खाते हैं, आलू के विभिन्न रूप ही हैं। बहुत से निर्माता इस प्रकार का उत्पादन कर रहे हैं जो किसानों को इन्हें उगाने के लिए प्रेरित कर रहे हैं।

भारत विश्व का सर्वाधिक फल उत्पादन करनेवाला देश है (2002 में वार्षिक उत्पादन 4.6 करोड़ टन था)। हालाँकि 30 प्रतिशत से अधिक फल बाजार न पहुँच पाने एवं संसोधित करने के साधनों के अभाव में सड़ जाते हैं। अमेरिका में संसोधित फलों के उत्पादन का प्रतिशत 70 है और मलेशिया का 83। जबकि भारत मात्र 2 प्रतिशत फलों को ही संशोधित कर पाता है। हालाँकि आज बाजार में फलों के रस की बढ़ती माँग से इसमें सुधार आया है।

कुछ कृषि उत्पाद जल्दी ही खराब हो जाते हैं। उन्हें ज्यादा समय तक भंडारित कर नहीं रखा जा सकता। अत: उन्हें प्रसंसोधित करना आवश्यक होता है। प्रसंसाधन कृषि उत्पादों जैसे कि चावल, गेहूँ, सब्जियों, फलों, आलू और मछलियों के संरक्षण में मदद करता है। संरक्षण और पर्याप्त शीतकरण के फलस्वरूप ये उत्पाद बिना खराब हुए अधिक-से-अधिक लोगों तक पहुँच सकते हैं। यह तकनीक उत्पादक के लिए बहुत कम नुकसान के साथ-साथ लोगों को अच्छी खाद्य-सामग्री सुनिश्चित करती है। इससे किसानों की आमदनी बढ़ेगी। इसीलिए दूसरी हरित क्रांति का आंतरिक भाग कृषि प्रसंसाधन ही है।

प्रसंसाधन विशेषकर दुग्ध उत्पादन में अति महत्त्वपूर्ण है। दूध को अधिक समय तक रखने के लिए इसे निष्कीटित (कीटाणु-रहित) करने की जरूरत पड़ती है। इसलिए यह और भी जरूरी है कि ऐसी प्रसंसाधन सुविधा डेयरी फार्मों के नजदीक ही उपलब्ध हो।

मैंने भारत के दुग्ध क्रांति के जनक डॉ. वर्गीज कुरियन की 'एक अंतहीन स्वप्न' नामक पुस्तक पढ़ी। वे कहते हैं—"मैं संयोग से दूध बेचनेवाला बन गया।" उन्होंने एक अंग्रेज विशेषज्ञ को कहते हुए सुना था कि लंदन के सीवर का पानी मुंबई के दूध से कहीं बेहतर है। यह वाक्य युवा कुरियन के लिए चुनौती की तरह था। उन्होंने 1950 के दशक में गुजरात में आनंद सहयोगी संस्था की शुरुआत की। उन्होंने दशकों तक दुग्ध व्यवसाय को शक्ति पर शक्ति प्रदान की, जिसके परिणामस्वरूप आज भारत दुनिया का दूसरा सबसे बड़ा दुग्ध-उत्पादक देश है।

केवल अच्छे खाद्यान्न की खेती ही काफी नहीं है। बाजारों तक पहुँचने के क्रम में जहाँ इन्हें बेचा या प्रसंसाधित किया जाएगा, सुचारु यातायात व्यवस्था भी जरूरी है।

कृषि के अपशिष्ट पदार्थों का प्रबंधन करना एक अलग महत्त्वपूर्ण क्षेत्र है, जो राजस्व-प्राप्ति का स्रोत बना हुआ है। कृषि-अपशिष्ट को नई तकनीक द्वारा विकसित कर उपयोग में लाना चाहिए; जैसे—बायोगैस का उत्पादन, कंपोस्ट खाद बनाना तथा बहुत सारे दूसरे उत्पाद।

भविष्य की ओर

सन् 1979-2004 के दौरान भारत के सकल घरेलू उत्पाद (जी.डी.पी.) में कृषि का योगदान 39 से 22 प्रतिशत घट गया है। उसी समय उत्पादन प्रक्रिया और सेवाएँ 24 से 27 और 37 से 51 प्रतिशत तक क्रमशः बढ़ी हैं। कृषि पर निर्भर लोगों का प्रतिशत 64 से 54 तक आ गया है। वर्ष 2020 तक हमारी रोजगार संरचना में कृषि में 44 प्रतिशत, निर्माण उद्योग में 21 प्रतिशत और सेवा क्षेत्र में 35 प्रतिशत होना चाहिए।

यह दो कारणों से संपन्न हो पाएगा। कृषि तकनीक भविष्य में किसानों की मदद करेगी, ताकि उन्हें भाड़े पर कम मजदूरों की जरूरत

पड़े। उसी समय सेवाओं, कृषि प्रसंसाधन और उद्योग क्षेत्र में वृद्धि होगी और लोग ज्यादा रुपए के लिए इस ओर बढ़ेंगे।

भारतीय किसानों की पारंपरिक भूमिका उत्पादक से एक साहसिक उद्यमी में परिवर्तित होगी, जो प्रसंसाधन और अंतरराष्ट्रीय स्तर के उत्पादों एवं अनेकस्त्रोतों से उत्पन्न बाजारीकरण में व्यस्त रहेंगे।

कुछ उत्पादों की विश्व बाजार में माँग है; जैसे कि अचार, चटनी, फल, शुष्क फल और सब्जियाँ। इसके अतिरिक्त भारत ज्यादा-से-ज्यादा मांस और मुरगी-पालन द्वारा उत्पादों के निर्यात के लिए सक्षम है। यह पहले ही अंडा पाउडर, हिमशीतित अंडे की जरदी और दूसरे अंडा उत्पादों को जापान और विश्व के दूसरे भागों में निर्यात करता है। कुछ और भारतीय कृषि उत्पाद भी हैं, जिनकी अंतरराष्ट्रीय माँग है, जैसे कि प्रसंसाधित फल-सब्जियाँ और मछलियाँ। हर प्रकार के प्रसंसाधन द्वारा मूल्यवर्द्धन से भारतीय किसानों को धन की अधिक आवश्यकता होगी।

दूसरी हरित क्रांति ने गाँवों में किसानों द्वारा की जा रही खेती से तकनीक, प्रबंधन, मार्केटिंग और अन्य सेवाओं तक में परिवर्तन ला दिया है। आज के भारतीय युवकों के लिए, जो अपने तकनीकी ज्ञान को सही उपयोग में ला सकते हैं और चुनौतियाँ स्वीकार कर सकते हैं, कृषि क्षेत्र उन्हें कई सुअवसर प्रदान करता है।

□

भौतिक पदार्थ और भविष्य

अगर आप मानव सभ्यता के विकास के बारे में सोचते हैं तो आप पाएँगे कि सामाजिक और आर्थिक विकास की गति लोगों की प्रवीणता के साथ घनिष्ठता से जुड़ी है, जिससे लोग अपने चारों ओर के पदार्थों और रसायनों का उपयोग कर पाएँ।

प्रारंभ में यह सूक्ष्म निरीक्षण और छोटी-मोटी गलतियों के साथ होता है। हजारों वर्ष पहले मानव ने शायद दुर्घटनावश खोजा था कि वे पत्थरों को हथियार बनाकर आसानी से शिकार कर सकते हैं। उन्होंने खोज की कि कुछ पौधे जख्म को भरने में मदद करते हैं। धीरे-धीरे उन्होंने अपने चारों ओर फैली इन सब चीजों के गुणों की जानकारी प्राप्त कर ली और फिर उनका संरक्षण कर उपयोग करने लगे। उनके द्वारा अर्जित इन चीजों की जानकारी धीरे-धीरे अन्य लोगों के बीच फैलने लगी। जैसा कि हम जानते हैं, ज्ञान का इसी तरह अधिक-से-अधिक प्रसार हुआ और शनैः-शनैः इसी प्रकार मानव सभ्यता आज तक विकसित होती आई।

जरा अपने सामान्य जीवन में प्रयुक्त होनेवाली सभी वस्तुओं के बारे में सोचिए। क्या आप जानते हैं कि लगभग दो सौ साल पहले लोग कोयला और खनिज तेल का उपयोग मशीन चलाने के लिए ऊर्जा स्रोत

के रूप में करने लगे थे? रेलवे का आविष्कार हुआ। इसके परिणामस्वरूप व्यक्ति कच्चे पदार्थों को दूर के क्षेत्रों से लाकर नए उत्पाद बनाने तथा उसे दूर के क्षेत्रों में भेज सकता था। मोटर और वायुयान की खोज से यातायात व सामान को ढोना और भी आसान हो गया। आज विश्व के किसी भी कोने से व्यक्ति किसी से भी बात कर सकता है—चाहे आप घर, ऑफिस या बस में हों। मोबाइल फोन व्यावसायिक दृष्टि से सन् 1987 में प्रारंभ हुआ। भारत में प्रथम मोबाइल सन् 1994-95 में उपलब्ध हुआ और 2002 तक इसके उपभोक्ता लगभग 1 करोड़ तक पहुँच गए।

यहाँ तक कि कुछ चीजें, जो इतनी साधारण दिखती हैं, जैसे दियासलाई। उसका आविष्कार भी उन्नीसवीं सदी में हुआ—मात्र 120 वर्ष पहले। कल्पना कीजिए कि उसके पहले आग जलाना कितना कठिन रहा होगा।

पिछले दस साल से इंटरनेट का व्यापक उपयोग होने लगा है। माउस के क्लिक करने के साथ ही कंप्यूटर पर सूचनाओं का संपूर्ण संसार उपलब्ध हो जाता है। इसके परिणामस्वरूप जानकारियों का प्रसार बहुत आसान हो गया। भारत में बैठे हुए आप पूरे विश्व की घटनाओं का पता क्षण भर में लगा सकते हैं। जब मैं यह पुस्तक लिख रहा था तो सूचनाओं की पड़ताल करने में इससे बड़ी आसानी हुई। दस वर्ष पहले मुझे लिखने में दस गुना समय लगा होता, क्योंकि मुझे कई पुस्तकालयों में जाना पड़ता। इतनी सारी तकनीक का निर्माण उन पदार्थों के निर्माण पर निर्भर है जो कंप्यूटर, फाइबर ऑप्टिक, स्केनर और प्रिंटर के निर्माण में काम आता है।

कल्पना कीजिए कि आज से सौ साल बाद हमारी यह दुनिया कितनी अलग होगी! वर्तमान वृद्धि दर से अगले 20 वर्षों में हमारे पास ऐसी रेलगाड़ियाँ होंगी जिनके द्वारा दिल्ली से मुंबई कुछ घंटों में ही

पहुँचा जा सकेगा। विद्युत् चुंबकीय तकनीक के उपयोग से ऐसी रेलगाड़ियों की चर्चा है जो वायुयान की गति से चलेंगी। हर एक घर में रोबोट घर के कार्य कर सकेंगे और कंप्यूटर आपके घर के कार्य को उसी तरह करेंगे जैसा आप उनसे कहेंगे। इस तीव्र परिवर्तनवाले उत्तेजक विश्व में आपके पास कई अद्‌भुत अवसर होंगे, जिससे पूरा विश्व और भारत बदलेगा—अगर आप अपनी सीमित सोच से बाहर निकलकर नवीन तकनीकी से कार्य करेंगे।

नई वस्तुओं का जादू

आज ऐसी कई वस्तुएँ उपलब्ध हैं, जो हमारे दादा-परदादा की पहुँच के बाहर थीं। हमारा घर आधुनिक जरूरतों से भरा पड़ा है—स्टेनलेस स्टील, फाइबर ग्लास, प्लास्टिक, संगीत एवं टेलीविजन आदि। बाहर की दुनिया में बहुत सारी ऐसी चीजें हैं, जैसे हलके वजनवाले, उच्च प्रदर्शनवाले मिश्रधातु वायुयान, उपग्रह और मिसाइल एवं विभिन्न प्रकार की प्लास्टिक बनाने में काम आते हैं। देश अपनी चीजों और रसायनों का जितना बेहतर उपयोग करेगा उतना ही अधिक समृद्धिशाली बनेगा।

भारत की स्वदेश निर्मित मध्यम दूरी की बैलिस्टिक मिसाइल 'अग्नि' के बारे में आपने भी सुना होगा, जिसका प्रथम परीक्षण मई 1989 में किया गया था। हमने 'अग्नि' के लिए रक्षा अनुसंधान एवं विकास संगठन (डी.आर.डी.ओ.) में कार्बन-कार्बन नामक एक नया और अत्यंत हलका पदार्थ विकसित किया था।

एक दिन हैदराबाद में स्थित चिकित्सा विज्ञान के निजाम संस्थान से एक अस्थि विशेषज्ञ मेरी प्रयोगशाला में आए। उन्होंने उस पदार्थ (कार्बन-कार्बन) को उठाया तो उन्हें वह इतना हलका लगा कि वे मुझे अपने अस्पताल ले गए और उन्होंने ऐसे छोटे बच्चों को दिखाया, जिनके पैर पोलियो-ग्रस्त होने के कारण पैरों में भारी धातु के कैलिपर को

लगाकर उन्हें चलाने की हरसंभव कोशिश की जा रही थी। एक कैलिपर का वजन 3 कि.ग्रा. था, जिसके कारण बच्चे को चलने में बहुत दिक्कत हो रही थी और वह अपने पैर घसीटकर चल रहा था।

जो डॉक्टर मुझे वहाँ ले गए थे, उन्होंने मुझसे कहा, 'कृपया मेरे मरीजों को कष्ट से मुक्ति दिलाइए।'

हमने तीन सप्ताह में 300 ग्राम वजनवाले फ्लोर रिएक्शन ऑर्थोसिस कैलिपरों को तैयार कर अस्थि सुधार विज्ञान केंद्र को दे दिए। बच्चों को अपनी आँखों पर विश्वास नहीं हुआ। अब वे 3 कि.ग्रा. वजन की बजाय 300 ग्राम के कैलिपरों की सहायता से स्वच्छंद चारों ओर घूम सकती थे। उसके माता-पिता की आँखों में खुशी के आँसू छलक आए।

कर्नाटक के एक मध्य वर्गीय परिवार के एक पूर्व कर्मचारी, यह पढ़ने के बाद कि पोलियो प्रभावित बच्चों की सहायता किस तरह की गई, ने मुझे लिखा था और वह जानना चाहते थे कि पोलियो से पूर्णतः प्रभावित उनकी बारह वर्षीया बेटी के लिए हम क्या कर सकते हैं। जबकि वह धातु, लकड़ी या चमड़े से बने 4.5 किलो वजनी कैलिपरों के साथ बच्ची को घिसटकर चलते हुए देखने को विविश हैं। हमारे वैज्ञानिकों ने पिता एवं बेटी के साथ निजाम चिकित्सा विज्ञान संस्थान के डॉक्टर को भी हैदराबाद की प्रयोगशाला में बुलाया, जहाँ 400 ग्राम तक के नी एंकल फूट ऑर्थोसिस को तैयार किया गया। इसके इस्तेमाल से लड़की का चलना सामान्य हो गया। कुछ महीनों बाद उसके माता-पिता ने हमें लिखा कि लड़की साइकिल चलाना सीख रही है और उसने अपने आप ही स्कूल जाना शुरू कर दिया है।

ये सभी चीजें जीवन को आसान बनाने में मदद कर सकती हैं, जिसे उनके आविष्कार के समय नहीं सोचा गया था। डी.आर.डी.ओ. ने जीव विज्ञान की लगभग 15 तकनीकों को विकसित किया है, जिसमें रक्षा और मिसाइल योजना प्रमुख हैं।

क्या देश को विकसित करने के लिए संसाधनों का होना जरूरी है?

बहुत सारे विकसित राष्ट्र संसाधनों की दृष्टि से अत्यंत समृद्ध हैं—

अमेरिका (ताँबा, सोना, सीसा, लिथियम, जिंक), रूस (सोना, लौह अयस्क, लीड और निकेल), चीन (सोना, तेल, लौह, मोटिडेनम) और ऑस्ट्रेलिया (कोयला, लोहा, तेल, बॉक्साइट, ताँबा, सोना, सीसा एवं निकेल) सभी इसके उदाहरण हैं। परंतु खनिज संसाधनों की उपस्थिति यह सुनिश्चित नहीं करती कि देश विकसित बन सकता है।

बहुत सारे अफ्रीकी देशों के पास खनिजों के विशाल भंडार हैं। यही उन कारणों में से एक है, जिसके कारण यूरोपीय देशों ने उन्नीसवीं सदी में अफ्रीका के बहुत से क्षेत्रों पर अधिकार किया था। वहाँ कोयले की खोज हुई। उसका खनन अधिकतर निर्यात के लिए ही होता था। बाद में अन्य खनिज जैसे सोना, ताँबा, मैंगनीज, बॉक्साइट, लोहा, टिन, खनिज तेल और गैस की खोजें हुईं। दक्षिण अफ्रीका के पास विश्व की आधी स्वर्ण खानें तथा एक बड़ा हिस्सा हीरे की खानों का है। जिंबाब्वे, कांगो, जांबिया, इथोपिया, खांडा और नामीबिया— सभी के पास खनिज संसाधन हैं। इन सबके बावजूद अफ्रीका आज तक गरीब ही रहा, क्योंकि इन संसाधनों को देश के अंदर विकसित नहीं किया गया। कच्चे अयस्क विदेशी राष्ट्रों द्वारा खरीद लिये जाते हैं, जो उन्हें लौह पदार्थों में बदल देते हैं और तब उत्पाद बनाकर पूरे विश्व में बेचते हैं। साथ ही उन्हें भी, जो उन्हें कच्चा माल देते हैं। उत्पादित माल कच्चे अयस्कों से काफी अधिक महँगे दामों में बेचे जाते हैं। यह प्रक्रिया मूल्यवर्धन कहलाती है और यही उन देशों को अमीर बनने में मदद करती है। जब आप अप्रसंसाधित अवस्था में खनिज को बेचते हैं तो कुछ प्रारंभिक प्रसंसाधन के बाद दाम और भी कम हो जाते हैं एवं उन लोगों की संख्या बहुत कम होती है जिनकी आजीविका प्रसंसाधन उद्योग में होती है। अगर

कोई तैयार माल बेचता है तब उसका मूल्य अधिक रहता है और इस प्रक्रिया द्वारा लोग काफी अधिक कमा सकते हैं। किसी चीज को असंसाधित अवस्था में बेचने का नियम यह है कि तब सैद्धांतिक स्तर पर वही देश फिर इसे ऊँचे दामों पर खरीदता है। उदाहरण के लिए, यदि कोई देश कच्चे लोहे को निर्यात करता है और फिर वहाँ से कार का आयात करता है तो वह कार जिसे वह खरीद रहा है, उसी लोहे की बनी होती है, जिसका उसने निर्यात किया था।

जापान के पास लगभग कोई खनिज संसाधन नही है। वह लौह अयस्क का आयात करता है और उसे स्टील के रूप में निर्यात के लिए जहाज बनाता है। वह आज दुनिया के आर्थिक एवं तकनीकी क्षेत्र में अग्रणी देश है। इसी तरह दक्षिण कोरिया और ताइवान के पास भी खनिज संपदा नहीं है।

अयस्क, जो कि अत्यंत महत्त्वपूर्ण होते हैं और खरीदने के लिए जिसमें धन की जरूरत पड़ती है, तैयार माल से बहुत सस्ती होती हैं। आप अपने दैनिक जीवन में अनेक उदाहरण देख सकते हैं। सब्जी बाजार में आलू और किसी दुकान में चिप्स के पैकेट के दामों की तुलना करें। मान लीजिए—एक पैकेट, जिसका वजन 100 ग्राम है, उसकी कीमत 20 रुपए होगी। यदि आप 100 ग्राम आलू खरीदते हैं तो इसकी कीमत सिर्फ 1 रुपया होगी। जब आप एक कमीज खरीदते हैं तो इसकी कीमत 100 रुपए से अधिक हो सकती है। पर जब आप रुई खरीदेंगे, जिससे कि धागा तैयार होकर कपड़ा बुना जाता है, अपेक्षाकृत अधिक सस्ता रहेगा। जब बड़े उत्पादन और देशों की बात होती है, तब भी यही होता है! वे देश, जो कच्चे पदार्थ बेचते हैं, जैसे कपास, लोहा, टिन—उन देशों की अपेक्षा कम कमाते हैं जो तैयार माल बेचते हैं। तैयार माल बनाने के लिए आपको खनिज की एवं उत्पादन में तकनीकी की जरूरत पड़ती है। इस प्रकार देश के विकास के स्तर को निश्चित करने के लिए महत्त्वपूर्ण कारक खनिज संसाधनों का होना नहीं, बल्कि यह है कि

लोग उससे क्या कर सकते हैं। वैसे देश, जिन्होंने संसाधनों को महँगे उत्पादों में बदलने की तकनीक में प्रवीणता हासिल कर ली हो, वह अधिक कमाएगा बनिस्पत देशों के, जो सिर्फ संसाधनों को बेचते हैं। यही कारण है कि वैसे देश, जो तकनीकी में निपुण हैं, उनकी अच्छी स्थिति बन गई है। आर्थिक मजबूती के साथ-साथ विश्व में उनकी राजनीतिक शक्ति भी बढ़ती है। जैसा कि हम लोग पहले ही चर्चा कर चुके हैं कि शक्तिशाली देश वे नहीं हैं जिन्होंने कई प्रांतों को जीत लिया है, बल्कि वे हैं जो व्यापार से काफी धन कमा चुके हैं। अपनी आर्थिक मजबूती से ये राष्ट्र दूसरे राष्ट्रों पर राजनीतिक रूप से दबाव बनाते हैं।

उन देशों के बारे में बहुत सी रोचक कहानियाँ हैं, जो अयस्कों में से निकाले गए उत्पादों को उन देशों को देने से मना करते हैं जिनसे उन्हें पहले कच्चा माल मिलता था। सन् 1970 के दौरान जब हम अपने प्रथम उपग्रह एस. एल.वी.-3 को विकसित कर रहे थे, तब कुछ परियोजनाओं के लिए हमें बेरिलियम उत्पादों की जरूरत पड़ी। बेरिलियम सभी प्रकार के तत्त्वों में सबसे हलका होता है और इसका द्रवणांक काफी ऊँचा है। इसका उपयोग तीव्र वायुयान, मिसाइल, अंतरिक्ष यान एवं उपग्रह बनाने में होता है। एक अमेरिकी कंपनी, जो हमारी जरूरत के बेरिलियम का उत्पादन कर रही थी, ने हमें आपूर्ति करने से मना कर दिया। एक जापानी कंपनी भी इसके माध्यम से कुछ उत्पाद बना रही थी; पर उसने भी हमें देने से इनकार कर दिया। परंतु इसका हल निकालने के लिए मैंने बेरिलियम के बारे में अधिक जानना शुरू कर दिया कि भारत के पास बेरिलियम का भंडार है। भारत के पास वैसी तकनीक भी थी। जिससे अयस्क को उत्पाद में बदला जा सकता था, उसे परियोजना के अनुसार कोई भी आकार दिया जा सकता था। अंतरिक्ष अनुसंधान केंद्र ने डी.ए.ई. के सहयोग से बेरिलियम की हमारी समस्या को हल किया। अब यह भारत में उत्पादित होता है।

बेरिलियम उत्पादों केलिए यह इनकार मेरे लिए प्रारंभिक सबक

था। यदि आपके पास तकनीक नहीं है तो आपके प्राकृतिक संसाधनों का कोई महत्त्व नहीं है।

भारत के खनिज संसाधन

भारत के पास पर्याप्त मात्रा में खनिज संसाधन हैं, जिसका उपयोग कई महत्त्वपूर्ण चीजों के निर्माण में होता है।

लोहा—लौह अयस्क का 98 प्रतिशत भाग इस्पात बनाने में उपयोग होता है, जो कि महत्त्वपूर्ण चीजों में से एक है। जबकि लौह अयस्क एवं लोहे के उपभोग की खपत अत्यंत कम है। इनमें चुंबक, गाड़ी के पुरजे, दवा, छापने की स्याही, प्लास्टिक एवं उर्वरक आदि हैं। इस्पात हर प्रकार की संरचना एवं निर्माण कार्य के लिए उपयोगी है; जैसे—घर, रेल, मशीन, यहाँ तक कि घरेलू बरतन की।

> क्या आपको मालूम है ? दिल्ली स्थित कुतुब मीनार में लोहे का एक स्तंभ है, जो सोलह शताब्दियों में धूल-धूप-धुएँ में भी बिना खराब हुए यथावत् खड़ा है। ऐसा मजबूत लौह-स्तंभ बनाने में सक्षम भारतीय उद्योग अपने समकालीन यूरोपीय उद्योग से लगभग पंद्रह शताब्दी आगे था! अब हमें स्टील तकनीक में भी ऐसी महारत और सामर्थ्य प्राप्त करने की आवश्यकता है।

मैंगनीज अयस्क—जब इस्पात में मैंगनीज को मिलाया जाता है तब यह काफी कठोर हो जाता है। इसलिए इसका सबसे महत्त्वपूर्ण उपयोग इस्पात उत्पादन में ही है। इसके अलावा इसका उपयोग शुष्क सेल और कुछ रसायनों के बनाने में भी होता है।

टाइटेनियम—टाइटेनियम एक मजबूत एवं हलकी वजनवाली धातु है, जिसका उपयोग प्राय: वायुयान में तथा इस्पात के विकल्प में होता है। यह इक्कीसवीं सदी का प्रमुख तत्त्व माना जाता है। जब

टाइटेनियम ऑक्सीजन से मिलता है, तब टाइटेनियम ऑक्साइड बनता है, जो सबसे अच्छा पिगमेंट है और उसका उपयोग पेंट, पेपर एवं प्लास्टिक बनाने में होता है। टाइटेनियम का उपयोग विविध अनुप्रयोगों में होता है, जैसे कि दाँत भरने तथा कूल्हे को कृत्रिम रूप से जोड़ने में। हमारे देश में टाइटेनियम का बड़ा भंडार है (संसार का लगभग 37 प्रतिशत भाग)। जो भी हो, हमें इस बहुमूल्य संसाधन के उपयोग एवं विकास पर कठिन श्रम करने की जरूरत है।

> टाइटेनियम एक चमत्कारक धातु है। यह उतनी ही मजबूत है जितना कि इस्पात, लेकिन यह उससे बहुत हलकी है। इस्पात एवं अल्यूगिनियग के विपरीत यह जंग-रोधक है। उदाहरण के लिए, यह खारे पानी, जिसमें जंग के अनेक तत्त्व होते हैं, का प्रतिरोधक होता है। इनके रासायनिक संयंत्र तथा विद्युत् ऊर्जा स्टेशन जो तटीय क्षेत्रों में हैं, प्रायः टाइटेनियम का प्रयोग करते हैं; क्योंकि वहाँ मशीनी खराबी के कारण बिजली नहीं जाती है। मनुष्य का रक्त भी बहुत क्षयी होता है। इसलिए मनुष्य के शरीर के लिए इस्पात प्लेट्स की बदलने की आवश्यकता होती है; जबकि टाइटेनियम प्लेट रक्त से प्रभावित नहीं होती है, अतः इसे बदलने की भी आवश्यकता नहीं है।

अल्यूमिनियम—अल्यूमिनियम का मुख्य स्रोत बॉक्साइट है। अल्यूमिनियम केअनुप्रयोग के पीछे इसका कारण उसका हलका वजन, मजबूत होना, संक्षारणरोधी होना है। इनका प्रयोग पैकिंग, यातायात, संरचना, विद्युतीय उपकरणों एवं अन्य उत्पादों में होता है। भारत अल्यूमिनियम अयस्क में काफी समृद्ध है।

दुर्लभ खनिज—दुर्लभ खनिजों में उन तत्त्वों को शामिल किया जाता है, जिनमें स्कैंडियम, याट्रियम, लेंथेनाइड श्रेणी के तत्त्व होते हैं। इन सबका उपयोग विभिन्न प्रकार के अनुसंधानों में होता है। ये अत्यंत दुर्लभ खनिज वाहनों एवं पेट्रोलियम शुद्ध करने में प्रेरक के रूप में

उपयोग होते हैं। इनका उपयोग ग्लास पॉलिश और सेरामिक्स, स्थायी चुंबक एवं धातुओं में भी होता है। थोरियम नाभिकीय ईंधन हो सकता है तथा भारत में ऊर्जा के भविष्य को परिभाषित करता है। कुछ दुर्लभ चुंबक भी हैं जिनका प्रयोग श्रवणों यंत्र में होता है। भारत के पास कई दुर्लभ खनिजों के भंडार हैं।

बेरिल अयस्क—बेरिलियम बहुत ही हलका तथा उच्च द्रवणांकवाला तत्त्व है। इसके अयस्कों का उपयोग प्राय: वायुयानों, वाहन, कंप्यूटर, तेल एवं गैस उपकरणों में होता है। रक्षा उद्योग और नाभिकीय रिएक्टर में भी न्यूट्रॉन शोषक के रूप में इसका उपयोग होता है। बेरिलियम नमक का प्रयोग फ्लोरेसेंट लैंप, एक्सरे तथा डिऑक्साइजर में होता है।

कोयला—ऊर्जा का सर्वप्रमुख स्रोत, जिसका भारत में बड़ा भंडार है।

भारत की खानों में 80 प्रतिशत कोयला और शेष 20 प्रतिशत विभिन्न खनिजों, जैसे—सोना, ताँबा, लोहा, जिंक और यूरेनियम का होता है। भारत के खनन उद्योग ने उतना विकास नहीं किया है जितना कि वह कर सकता था।

पर जैसा कि हम पहले भी चर्चा कर चुके हैं कि प्राकृतिक संसाधनों की उपलब्धता मायने नहीं रखती, बल्कि यह जरूरी है कि हम उसको राष्ट्रीय विकास के लिए कैसे विकसित कर रहे हैं तथा अपनी घरेलू माँग के बाद कैसे उन्हें निर्यात कर रहे हैं।

यह याद रखना जरूरी है कि सभी खनिज संसाधन सीमित हैं और एक दिन समाप्त अवश्य हो जाएँगे। इसलिए हम लोगों को देश के लिए अधिक आयवाले उपक्रमों में अंतिम उत्पादन पर ध्यान देना चाहिए।

राष्ट्र की संपन्नता के लिए तकनीकी एवं मूल्यवर्धन सर्वाधिक महत्त्वपूर्ण हैं। गुणवत्ता वृद्धि रोजगार देने में सक्षम है। हमें हर क्षेत्र में अपने उद्योगों में कठिन मेहनत करनी चाहिए। हमें अपने उत्पादन-उद्योगों की मूल्यवर्द्धक तकनीकी के लिए कठोर परिश्रम करना है। इसी

प्रकार अन्य सभी क्षेत्रों में भी करना चाहिए। चलिए, भारत के एक महत्त्वपूर्ण उद्योग-इस्पात उद्योग को देखते हैं कि कैसे पिछले कुछ दशकों में तकनीकी ने इस उद्योग को प्रभावित किया है।

भारत में इस्पात उद्योग

इस्पात, जो लोहा एवं कार्बन का मिश्रधातु है, कई रूपों में तैयार किया जा सकता है। लौह उत्पाद के समूह में सबसे नीचे पिग लोहा की किस्म है, जिसका उपयोग इस्पात बनाने में होता है। इस्पात विभिन्न प्रकार के मिश्रधातु के रूप में भी बनाया जाता है, जो विशेषत: विभिन्न उपयोगों के लिए होता है। उदाहरण के लिए, इस्पात और टंगस्टन के मिश्रधातु का उपयोग काटनेवाले औजार के रूप में होता है। इस्पात को कई रूपों में बनाया जा सकता है; जैसे—तार, शीट, छड़ एवं बार के रूप में।

यह आवश्यक है कि भारत अपनी घरेलू माँग के लिए पर्याप्त इस्पात का उत्पादन करे, ताकि यह बिना आयात किए हमारी आवश्यकताओं को पूरा कर सके। हमें दूसरे देशों को इस्पात एवं इस्पात-उत्पादन का निर्यात करने योग्य स्थिति पैदा करनी चाहिए।

आधुनिक इस्पात उद्योग का संक्षिप्त इतिहास

‘वह देश जो लोहे के लाभ पर नियंत्रण स्थापित कर लेता है वह जल्दी ही सोने पर भी नियंत्रण स्थापित कर लेता है।’ ये वो शब्द थे जिसने युवा जमशेदजी नुसरवानजी टाटा को भारत के लिए एक नए निर्भीक सपनों का खाका बनाने को प्रेरित किया।

भारत में सन् 1907 में जे.एन. टाटा ने प्रथम इस्पात उद्योग स्थापित किया, जो बाद में जमेशद कहलाया। वर्ष 1912 में भारत में प्रथम

इस्पात संयंत्र का शिलान्यास हुआ, जो एशिया में प्रथम और निजी क्षेत्र में भारत का सबसे बड़ा इस्पात संयंत्र था। सन् 1918 में प्रथम विश्व युद्ध के दौरान टाटा ने 2,400 कि.मी. की इस्पात की रेल पटरी मेसोपोटामिया को निर्यात की।

सार्वजनिक क्षेत्र—सरकार का पूर्णतः या अंशतः स्वामित्व।

निजी क्षेत्र—गैर-सरकारी व्यक्तियों या समूहों का स्वामित्व एवं संचालन

आजादी के बाद सरकार ने भारतीय इस्पात उद्योग के विकास पर बहुत ज्यादा जोर दिया। सन् 1953 में भारत सरकार पश्चिमी जर्मनी के साथ समझौते पर राजी हुई, जिसमें राउरकेला में एक इस्पात संयंत्र स्थापित हुआ और 1965 में बोकारो में अमेरिका के सहयोग से इस्पात संयंत्र लगाया गया। प्रारंभिक समय में लगभग सभी संयंत्र सार्वजनिक क्षेत्र के थे, पर कुछ निजी क्षेत्र में भी थे।

अंतिम दशक से सरकार ने इस्पात उद्योग में निजी क्षेत्र में भी निवेश करना शुरू कर दिया। परिणामस्वरूप, अब कई नए इस्पात संयंत्र हैं। 1991 में 6 महत्त्वपूर्ण इस्पात संयंत्र थे, जिसमें पाँच सार्वजनिक क्षेत्र के और 180 छोटे इस्पात संयंत्र थे।

निम्न वर्षों में विश्व के इस्पात उत्पादन में कितनी वृद्धि हुई है—

वर्ष	मात्रा (करोड़ टन में)
1970	59.5
1980	71.6
1990	77.0
2000	84.8
2001	85.0
2002	90.2
2003	96.5

भारत के इस्पात उत्पादन की दूसरे देशों के उत्पादन से तुलना की गई है। यह समझने के लिए हम नीचे दी गई सूची को देखें—

देश	2003*	2002*	2001*
चीन	22.0.1	18.1.6	15.0.9
जापान	11.0.5	10.7.7	10.2.9
अमेरिका	9.0.4	9.2.3	9.0.1
रूस	6.2.7	5.9.8	5.9.0
दक्षिण कोरिया	4.6.3	4.5.4	4.3.9
जर्मनी	4.4.8	4.5.0	4.4.8
उक्रेन	3.6.9	3.3.4	3.3.1
भारत	3.3.6	3.0.6	2.9.2
ब्राजील	3.1.1	2.9.6	2.6.7
इटली	2.6.1	2.6.1	2.6.6

* सभी आँकड़े करोड़ टन में हैं।

अब जबकि भारत ने निर्यात करना शुरू कर दिया है। फिर भी वह अंतरराष्ट्रीय निर्यातकों में सबसे नीचे ही है, जबकि आँकड़े बढ़ रहे हैं। निर्यात के क्रम में हम भी अयस्क की अपेक्षा इस्पात पिग लोहे का निर्यात कर रहे हैं।

वर्ष	कुल उत्पादन	निर्यात
2002-02	3.06	.27
2002-03	3.36	.37

* सभी आँकड़े करोड़ टन में हैं।

यह सच्चाई कि ऐसा सुधार विश्वव्यापी स्पर्धा से हुआ है, स्वीकार करने योग्य है। पर हमारी क्षमता बहुत अधिक है। एक भारतीय लक्ष्मी

नारायण मित्तल के प्रदर्शन पर गौर करें। वे पूरे विश्व के सबसे बड़े इस्पात उद्योग के मालिक हैं। बहुत से इस्पात संयंत्र भारतीय व्यवसायियों द्वारा प्रबंधित हैं। हमें भारतीय उद्यमियों के लिए एक वातावरण बनाने की जरूरत है, ताकि वे सोचें और फिर उस पर साहसपूर्वक कार्य कर सकें।

अन्य धातुएँ एवं तकनीकियाँ

चूँकि आधुनिक निर्माण उद्योग और औद्योगिकीकरण के लिए इस्पात आधारभूत धातु है, भारत को फिर भी इस्पात, अल्यूमिनियम और टाइटेनियम की मिश्र धातुओं पर दक्षता हासिल करने की जरूरत है। हमें भूतल अभियंत्रण, जहाँ सतह की संरचना से चीजों के नए गुणों का पता चलता है, उसमें निपुण होना चाहिए। उदाहरण के लिए, जब हम अल्यूमिनियम मिश्र धातु को इरिडियम से लेप कर देते हैं तो वह संक्षारणरोधी बन जाती है, जो साधारण अल्यूमिनियम नहीं है। आप इसे अपनी घड़ी में देख सकते हैं, जब इसके पास लेप किए गए सीसे होते हैं।

प्लास्टिक सेरामिक्स और जटिल पदार्थों के विभिन्न रूप आधुनिक विश्व के लिए संकटकारक हैं। सेरामिक्स, जो सामान्यतः वॉशबेसिन या टी पॉट आदि से संबंधित है, उच्च रूप में इसकी ऊर्जा का उपयोग ईंधन में होता है।

सिरेमिक्स (चीनी मिट्टी) अत्यंत दृढ़ संरचनावाली धातु है। इनके विभिन्न संरचना स्वरूप निर्मित किए जा सकते हैं, जिन्हें सिरेमिक-मैट्रिक्स कंपोजिट्स (चीनी मिट्टी का संयोजित ढाँचा या साँचा) कहते हैं। इनमें अपार क्षमता होती है, परंतु अंदर से खाली होने के कारण ये हलके होते हैं। संरचना में (परमाणविक) यह मधुमक्खियों के छत्ते के समान होता है।

अंतरराष्ट्रीय स्तर पर प्रतिदिन उत्पादन तकनीकी अधिक जटिलता के साथ वृद्धि कर रही है। आज वस्तुओं को निर्मित करनेवाली सूक्ष्म तकनीकी ने व्यक्तिगत अणु अथवा सूक्ष्म कणों को स्थापित कर दिया है—अर्थात् नैनोमीटर (एक मीटर का अरबवाँ भाग) मापने का एक मात्र साधन या आयाम है उत्पादन प्रक्रिया में सफलता प्राप्त करने के लिए अत्यंत महत्त्वपूर्ण नई तकनीकी है, जिसमें सूक्ष्म तकनीकी भी शामिल है।

सूक्ष्म तकनीकी भविष्य की तकनीकी है, जिसका बहुतायत संख्या में धातुओं एवं उत्पादन प्रणाली, दवाओं एवं स्वास्थ्य संबंधी देखभाल, पर्यावरण एवं ऊर्जा, जैव तकनीकी एवं कृषि, अंतरिक्ष एवं रक्षा क्षेत्रों में प्रयोग में आएगा।

आगे का रास्ता

खनिज और उत्पादन ही आधुनिक मानव सभ्यता का केंद्र हैं। कुछ सालों से सभ्यता की भाँति ही उत्पादन बढ़ा है, नई तकनीकों को अपनाया गया है और अच्छे उत्पादों का निर्माण किया गया है। आज अधिक-से-अधिक उत्पाद तैयार किए जा रहे हैं, क्योंकि मानव सभ्यता आज तकनीकों पर ज्यादा निर्भर हो गई है।

□

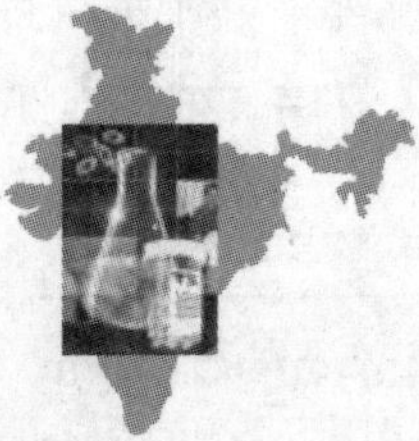

रसायन उद्योग एवं जैव प्रौद्योगिकी

प्रत्यक्ष-अप्रत्यक्ष रूप से रसायनों और रासायनिक उत्पादों का प्रयोग कई रूपों में हमारे जीवन को प्रभावित करता है। उर्वरकों, कार्बनिक या अकार्बनिक नाइट्रोजन—युक्त पदार्थों तथा कीटनाशक पदार्थों की जरूरत कृषि पैदावार बढ़ाने तथा फफूँद और कीट नियंत्रण के लिए होती है। पेट्रोल, डीजल और प्लास्टिक आधुनिक जीवन के आवश्यक अंग हैं। इसके अलावा भी कई घरेलू चीजें हैं जिनका उपयोग भोजन, स्वच्छता और स्वास्थ्य विज्ञान में होता है। नमक, वस्त्र, साबुन, सौंदर्य-सामग्री, पेय पदार्थ, दवाइयाँ, डिब्बाबंद भोजन, रंग, चमड़ा, किताबें और समाचार-पत्र ऐसी ही घरेलू चीजें हैं। ये सब आवश्यक रासायनिक उत्पाद हैं जो हमारे जीवन में इस्तेमाल होते हैं।

दूसरी ओर, इन रसायनों के उत्पादन और प्रयोग से अन्य समस्याएँ उत्पन्न हो सकती हैं। रसायनों का गलत ढंग से इस्तेमाल नुकसानदायक हो सकता है। इनके कारण वायु प्रदूषण, मिट्टी की गुणवत्ता में कमी आ सकती है। नदियों और झीलों के जल को प्रदूषित कर ये जलीय जीवों के लिए खतरा उत्पन्न कर सकते हैं। पर्यावरण में असंतुलन पैदा हो सकता है। ऐसे में रसायनों को 'आधुनिक दानव' माना जा सकता है! मानव क्रिया-कलाप के हर दूसरे क्षेत्रों की तरह विज्ञान और प्रौद्योगिकी

का प्रयोग अनुचित उद्देश्यों के लिए कर सकता है। कभी-कभी दुर्घटनाएँ हो सकती हैं। लेकिन यह याद रखना जरूरी है कि वैज्ञानिक और व्यापार समूह की ओर से संयोगवश होनेवाली नीतिगत कमियों को छोड़कर यदि किसी प्रक्रिया या उत्पाद के विकास के क्रम में किसी दुष्प्रभाव की जानकारी मिलती है तो उस क्रिया को हमेशा के लिए बंद कर दिया जाता है। आधुनिक विज्ञान, प्रौद्योगिकी एवं व्यावसायिक व्यवहार के अपने कायदे-कानून हैं। रसायनों और औषधियों का इस्तेमाल गहन परीक्षण और प्रमाणीकरण की कई प्रक्रियाओं से गुजरने के बाद ही होता है। आंधुनिक जैव-प्रौद्योगिकी के द्वारा ऐसे रासायनिक उत्पादों को बनाया जा सकता है, जो पहले पर्यावरण के अनुकूल नहीं थे।

> रसायन वह पदार्थ है, जिसके उत्पादन और प्रयोग की प्रक्रिया में अणुओं और परमाणुओं में परिवर्तन होता है। बड़े पैमाने पर इस शब्द का प्रयोग पदार्थ के रूप में होता है।

जड़ी-बूटियाँ कुछ निश्चित रसायनों के लिए विकल्प का कार्य करती हैं। कई रसायन जड़ी-बूटियों से बनाए जाते हैं। उदाहरण के लिए, कुछ रासायनिक कीटनाशकों के स्थान पर नीम, तंबाकू जैसी कार्बनिक जड़ी-बूटियों का प्रयोग होता है। इस प्रकार रसायन उद्योग और भारत की वनस्पति संपदा में आंतरिक संबंध है।

रासायनिक उद्योगों के लिए योजना

भारत के पास विकासशील रसायन आधारित उद्योगों के लिए प्रचुर संसाधन उपलब्ध हैं। कुछ रसायन उद्योगों में भारत पहले से ही मजबूत है और हमारे पास सुप्रशिक्षित वैज्ञानिक व प्रौद्योगिकीविद् भी उपलब्ध हैं। यह जरूरी है कि भारत खास तकनीकी अनुकूलन के द्वारा अपने संसाधनों का पूरा इस्तेमाल करे। स्वच्छ प्रदूषण-रहित रसायन

उद्योग का निर्माण हमारे लिए नई चुनौती है।

जड़ी-बूटियों, जीव द्रव्यों और सूक्ष्म जीवों के मामले में भारत अत्यधिक संपन्न है। जैव-विविधता से तात्पर्य है कि किसी भी प्राकृतिक उत्पाद पर आधारित रासायनिक उद्योग के लिए प्रचुर संसाधन मौजूद होना।

> जैव-विविधता जीवन के सभी स्वास्थ्यों की भिन्नता है। विभिन्न पेड़-पौधे, पशुओं एवं सूक्ष्म अवयवों, उनके जीन्स तथा समान परिस्थितियों में रहनेवाले जीव-समुदाय उसके एक अंग हैं।

विविध भौगोलिक तथा जलवायु क्षेत्रोंवाले विशाल भूभाग के कारण भारत के पास आश्चर्यजनक जैव-विविधता है। यहाँ पर्वत और मरुस्थल, विशाल मैदान, समुद्र, नदियाँ, झीलें एवं तालाब और कई तरह के वन-पर्णपाती, उष्णकटिबंधीय तथा शीतोष्ण—और वनस्पतियाँ हैं। भारत समुद्री संसाधनों और तेल संपदा से परिपूर्ण विशाल समुद्र-तटीय क्षेत्र से संपन्न है।

इसके बावजूद हो यह रहा है कि औद्योगिक रूप से विकसित देश कच्चे माल के रूप में इन जैव संसाधनों का इस्तेमाल कर रहे हैं और बढ़ी हुई कीमत पर भारत सहित विकासशील देशों को विशेष बीजों, दवाइयों और जैव-उत्पादो के रूप में निर्यात कर रहे हैं। इतना ही नहीं, वे इन उत्पादों का पेटेंट करवा लेते हैं, जिससे उन्हें विशेष अधिकार प्राप्त हो जाते हैं। यही स्थिति कच्चे खनिजों और मूल्यवर्द्धित अंतिम उत्पादों के लिए भी है। जड़ी-बूटियों और वनस्पतियों को आधुनिक दवाइयों और प्रसाधनों में बदलने के लिए वैज्ञानिक तरीके और प्रौद्योगिकी का ज्ञान एवं निर्माण के खास तरीकों की जरूरत होती है। ऐसे संसाधनों के निर्यात और महँगे अंतिम उत्पादों के आयात के बदले भारत को स्थानीय प्रौद्योगिकी का प्रयोग प्राकृतिक संसाधनों से मूल्यवर्द्धित उत्पादों

के निर्माण के लिए करना चाहिए। इससे घरेलू जरूरतों को पूरा करने के बाद विदेशों को निर्यात भी किया जा सकता है।

हमें यह भी सीखने की जरूरत है कि किन-किन तरीकों से विविध क्षेत्रों में आमदनी को बढ़ाया जा सकता है। रासायनिक प्रक्रिया के क्रम में कई अन्य उत्पाद भी निर्मित होते हैं। जहाँ तक संभव हो, हमें इन उत्पादों को उपयोगी बनाना सीखना चाहिए, बजाय कचरा पैदा करना के, जिससे प्रदूषण बढ़ता है। यह हानिकारक क्षमतावाले कचरे को उपयोगी बनाने की प्रक्रिया है, जिससे शुद्ध रासायनिक प्रक्रिया की जानकारी मिलती है।

शुरुआती वर्षों में चीनी उद्योग का ध्यान मुख्य रूप से चीनी उत्पादन बढ़ाने पर था। शोरा को छोड़कर अन्य अपशिष्ट पदार्थों का उपयोग नहीं होता था। लेकिन आजकल इनका प्रयोग कई उत्पादों में मिठास पैदा करने के लिए होता है। उन दिनों पेरे गए गन्ने की लुगदी को जला दिया जाता था। लेकिन आजकल इसका उपयोग कागज बनाने और बिजली उत्पादन में होता है। ऐसे लगभग एक दर्जन रसायन हैं, जिनका उत्पादन अपशिष्ट पदार्थों से होता है। ऑक्जेलिक एसिड, जिसका उपयोग जंग हटाने और लकड़ी के विरंजककर्ता के रूप में होता है—एक ऐसा ही उत्पाद है। अन्य अपशिष्ट पदार्थों को भी उपयोगी बनाने के लिए शोध हो रहा है।

पहले भारत कपड़ा बनाने के लिए पॉलिस्टर के धागे आयात करता था। यह धागा शुद्धिकृत टेरीफथालिक एसिड (पी.टी.ए.) से बनता है, जो पैट्रो-रसायन शुद्धीकरण का अपशिष्ट है। तेल-शोधक कारखानों के अन्य अपशिष्ट पदार्थ प्लास्टिक, नायलॉन कपड़े धोनेवाला पाउडर और कृषि-रसायन बनाने के काम आते हैं।

भारत में ज्यादातर रसायनों का उत्पादन लघु उद्योगों के द्वारा होता है। रसायन उद्योग का ध्यान ज्यादातर आयातित प्रौद्योगिकी पर रहा है। वृहद् अनुसंधान और विकास, इंजीनियरिंग और मशीनों के निर्माण से

स्थानीय प्रयोग के लिए आयातित तकनीक का प्रयोग हुआ है। साथ ही देशी तकनीक का भी विकास हुआ है। लक्ष्य यह रखा गया है कि वर्ष 2020 तक सभी उत्पादों के लिए हमारी अपनी प्रौद्योगिकी उपलब्ध हो।

हमारी जैविक संपदा और रसायन उद्योग

हम अपनी उत्तरजीविता और जीवन-शैली के लिए भारत की आश्चर्यजनक जैव-विविधता पर निर्भर करते हैं। जैव-विविधता के संरक्षण, प्रबंधन और आर्थिक उपयोग में बड़ी बाधा है, हमारे उस ज्ञान की कमी, जिससे ज्ञात होता है कि कैसे आधुनिक ढंग से संसाधनों का उपयोग हो सकता है।

इस तरह की जैव-विविधता विशेष रूप से विकासशील देशों में पाई जाती है, जो अभी तक तकनीकी रूप से आगे नहीं बढ़े हैं। इस मामले में हम भाग्यशाली हैं कि हमारे पास जैव स्रोत अर्थात् तकनीकी एवं औद्योगिक ताकत दोनों उपलब्ध हैं। अतः इस ताकत को आगे बढ़ाना होगा और संसाधनों के आर्थिक उपयोग पर ध्यान केंद्रित करना होगा। इससे केवल रसायन उद्योग को ही लाभ नहीं मिलेगा, बल्कि कृषि क्षेत्र, जो उपयोगी पौधों और जड़ी-बूटियों को पैदा करते हैं, उन्हें भी फायदा होगा।

भारत के प्राचीन ग्रंथों और जनजातीय स्रोतों में पारंपरिक ज्ञान का विशाल भंडार है। हाल ही में हमें अपनी ज्ञान की संपदा का एहसास हुआ है, जो इन ग्रंथों और व्यवहार में है। अब जनजातीय समाजों में प्रचलित ज्ञान की खोज की जा रही है। पारंपरिक औषधियों के प्रयोग, जड़ी-बूटियों के उपयोग, धातु विज्ञान से संबंधित तथ्यों को बड़ी संख्या में एकत्र किया गया है। आधुनिक प्रौद्योगिकी यंत्रों में आवश्यक परिवर्तन कर हम इस पारंपरिक ज्ञान का उपयोग आधुनिक परिप्रेक्ष्य में कर सकते हैं।

प्रलेखन और अभिलेखन की प्रक्रिया को सावधानीपूर्वक कार्यान्वित

करना होगा, ताकि कोई तथ्य नष्ट न हो। इससे हमें जैव-विविधता की रूपरेखा बनाने और समझने, इसे सुरक्षित रखने तथा इससे नई तकनीक गढ़ने में मदद मिलेगी।

दुनिया भर में एक नई चिकित्सा का अभियान चल रहा है, जिसे 'नया युग' कहा गया है। परंतु हमारे लिए यह उपचार की पारंपरिक चिकित्सा पद्धति है। योग और आयुर्वेद अब दुनिया भर में लोकप्रिय हो रहा है। यह भारतीय दवा उद्योग के विकास के लिए बड़ा अवसर है, जब हम अपने अंतरराष्ट्रीय स्तर पर इन उत्पादों को बेच सकते हैं। लेकिन जरूरत है कि हम आधुनिक वैज्ञानिक तकनीक का इस्तेमाल इन उद्योगों की स्थापना और उत्पाद के बाजारीकरण में करें।

भारत में निर्मित कुछ आयुर्वेदिक दवाइयाँ अब पूरे विश्व में बेची जा रही हैं। इसके अंतर्गत कई प्रकार की शक्तिवर्धक औषधियाँ हैं, जो हिंस्रा, कासनी, अर्जुन, काकमाची से बने हैं। विश्वास किया जाता है कि इनमें गुणकारी प्रभाव हैं।

भारत को सोलह से ज्यादा प्रकार की जलवायु वरदान-स्वरूप मिली हैं, जो हमें अनेकानेक जड़ी-बूटियों के उत्पादन हेतु सक्षम बनाती हैं। पारंपरिक ज्ञान, आधुनिक जैव प्रौद्योगिकी और प्राकृतिक विविधता के संयोजन से उत्कृष्ट उत्पाद निर्मित किए जा सकते हैं, जो अंतरराष्ट्रीय स्तर पर बिकेगा। यहाँ पारंपरिक पद्धतियों के अनेक आचार्यगण मौजूद हैं, जिनके ज्ञान और कौशल को आदर्श उद्योगों के विकास हेतु उपयोग में लिया जा सकता है। ये लोग देश की संपन्नता एवं विकास के प्रणेता हो सकते हैं। इससे देश की संपन्नता भी बढ़ेगी।

ऊर्जा आधारित रसायन उद्योग

आर्थिक दृष्टि से शायद सबसे जरूरी रसायन वे हैं जिनका उपयोग

ऊर्जा उत्पन्न करने के लिए होता है; जैसे—पेट्रोलियम और प्राकृतिक गैस। ईंधन उत्पादन से प्राप्त अवशिष्टों से कई महत्त्वपूर्ण रसायन प्राप्त होते हैं, जिनका उपयोग कारों और इंजनों के लिए ल्युब्रिकेंट, प्लास्टिक तथा उर्वरकों के रूप में होता है।

भारत ने इस महत्त्वपूर्ण क्षेत्र में काफी प्रगति की है। तेल और प्राकृतिक गैस आयोग, भारतीय तेल निगम तथा रिलायंस उद्योग—इन तीन कंपनियों ने ऊर्जा आधारित रसायन उद्योग के विकास के लिए बहुत कार्य किए हैं।

भारत में प्राकृतिक गैस के संसाधन सीमित हैं, लेकिन हमारे पास तकनीकी कुशलता है और हमने श्रीलंका, ईरान, सूडान एवं नॉर्वे जैसे देशों के साथ मिलकर तेल की खोज प्रारंभ की है।

वैकल्पिक ईंधनों, जैसे—गैसीय अवस्था में कोयला, जैविक ईंधन तथा जैविक डीजल के क्षेत्र में भी खोज हो रही है। इसकी चर्चा नौवें अध्याय में की गई है।

दवाई उद्योग

दवाई उद्योग किसी भी देश के लिए महत्त्वपूर्ण होता है, क्योंकि देश में उपलब्ध स्वास्थ्य सुविधाएँ इसी के ऊपर निर्भर होती हैं। आजादी से पहले भारत के पास दवाई निर्माण संयंत्रों की भारी कमी थी। हमारी देशी चिकित्सा पद्धति में अनुपलब्ध सामान्य दवाइयाँ भी बाहर से आयात की जाती थीं।

भारत केवल आयातित दवाइयों के बल पर आधुनिक स्वास्थ्य सुविधाएँ मुहैया नहीं करा सकता था, जो लाखों लोगों को टीका, एंटीबायोटिक तथा दूसरी दवाइयों के माध्यम से मौत से बचाती है। सुनिश्चित किया गया है कि दवाइयाँ बिना किसी बाधा के और कम कीमत पर लोगों को उपलब्ध हों। परिणामस्वरूप आज इस क्षेत्र में अभूतपूर्व विकास हुआ है और अब भारतीय कंपनियाँ दुनिया के कई

देशों में दवाइयाँ निर्यात करती हैं।

भारतीय दवाई उद्योग के सामने एक समस्या है कि यहाँ बहुत कम दवाइयों की खोज होती है। जो भी होती है, उनका उत्पादन लाइसेंस के अधीन होता है। वर्तमान वैश्विक अर्थव्यवस्था में किसी दवा को पेटेंट करानेवाला उसके ऊपर वैश्विक अधिकार प्राप्त कर लेता है, जिसे 'बौद्धिक संपदा अधिकार' के नाम से जाना जाता है।

अब भारतीय कंपनियाँ नए उत्पादों के साथ उभर रही हैं। इसके बारे में आप ज्यादा जानकारी अर्थ-वित्त जगत् के समाचार-पत्रों और वेबसाइटों से प्राप्त कर सकते हैं। यह एक ऐसा क्षेत्र है जिसमें विज्ञान प्रौद्योगिकी में अभिरुचि रखनेवाले मानव जीवन के लिए बहुत कुछ कर सकते हैं।

जैव प्रौद्योगिकी

जैव प्रौद्योगिकी को हाल के वर्षों में ही महत्त्व प्राप्त हुआ है, जबकि इस पर पिछले पचास सालों से अनुसंधान का काम चल रहा था। जैव प्रौद्योगिकी प्रकृति को समझने और मानव जीवन को सँवारने के नए रास्ते दिखाती है। कृषि, कृषि-संसाधन, जैव अपशिष्ट प्रबंधन, वानिकी, पशुपालन, मुरगीपालन तथा औषध निर्माण जैसे कुछ क्षेत्र हैं, जिनमें जैव प्रौद्योगिकी को महत्त्वपूर्ण भूमिका निभानी है।

जैव प्रौद्योगिकी के विकास ने कई जड़ी-बूटियों तथा वनस्पति आधारित उत्पादों को बढ़ावा दिया है। अब पौधों और बीजों की उपयोगिता बढ़ाने के लिए उनके प्राकृतिक गुणों में आनुवंशिक बदलाव संभव है।

जैव प्रौद्योगिकी ने रसायन उद्योग में क्रांति ला दी है। उदाहरण के लिए—पहले पशुओं के चमड़े से बाल हटाने की प्रक्रिया अत्यंत श्रमसाध्य थी, जिसमें चूने और नमक का प्रयोग होता था। यह श्रमिकों के स्वास्थ्य के लिए भी हानिकारक और पर्यावरण में प्रदूषण फैलानेवाला था। आधुनिक जैव प्रौद्योगिकी ने इस प्रक्रिया को आसान और प्रदूषण-रहित बना दिया

है; इससे अब श्रमिकों को कष्ट नहीं झेलना पड़ता है। केंद्रीय चमड़ा अनुसंधान संस्थान इस प्रौद्योगिकी को छोटी चर्मशोधनशालाओं भी उपलब्ध कराने की दिशा में काम कर रहा है।

क्षेत्र में खनन एक समस्या है कि परंपरागत खनन, प्रगलन और शोधन की प्रक्रिया से निकले जहरीले अपशिष्ट पर्यावरण प्रदूषण फैलाते हैं। जैव प्रौद्योगिकी ने एक नई विधि विकसित की है, जिसे जैव-प्रक्षालन कहते हैं। इसके तहत धातुओं का शोधन पर्यावरण में उपलब्ध तत्त्वों जैसे पानी, हवा तथा सूक्ष्म जीवों के द्वारा किया जाता है। इन प्रक्रियाओं से पर्यावरण प्रदूषण बहुत कम होता है।

सभी जैव प्रौद्योगिकी तथा आनुवंशिक अभियांत्रिकी प्रक्रियाओं को बड़ी सावधानीपूर्वक किया जाना चाहिए। एक जीवाणु, जिसके आचरण के बारे में हमें पूरा ज्ञान नहीं है, अवांछित प्रभाव उत्पन्न कर सकता है। इसीलिए इन प्रक्रियाओं का बड़े पैमाने पर इस्तेमाल करने से पहले वैज्ञानिकों और प्रौद्योगिकी विशेषज्ञों को गहन जाँच-पड़ताल करनी पड़ती है।

जैव प्रौद्योगिकी तथा सूचना प्रौद्योगिकी ने संयुक्त रूप से अनुसंधान और विकास के लिए नए क्षेत्र खोजे हैं। ऐसा ही एक क्षेत्र है—आनुवंशिकी, अर्थात् डी.एन.ए. के सभी अणुओं का अध्ययन। आनुवंशिकी के कई उपयोग हैं। यह जीनों और बीमारियों के बीच संबंधों का अध्ययन करता है, चाहे वह अक्षमता की वजह से हो या कुपोषण से। इस प्रकार, हम बीमारियों के इलाज की विस्तृत जानकारी प्राप्त कर सकते हैं।

चिकित्सा के क्षेत्र में जैव प्रौद्योगिकी की भूमिका अत्यंत महत्त्वपूर्ण है। इसके द्वारा हेपेटाइटिस-बी जैसी बीमारी का टीका विकसित किया गया है।

इससे बीमारियों का सफल उपचार संभव हो सका है। अधिकांश बीमारियों में हमारे शरीर का केवल एक अंग प्रभावित होता है, जबकि खानेवाली दवाइयों का मतलब है कि पूरे शरीर द्वारा उस दवा को आत्मसात्

करना। जैव प्रौद्योगिकी और नैनोटेक्नोलॉजी (सूक्ष्म प्रौद्योगिकी) के द्वारा सीमित मात्रा में दवा देकर बीमार कोशिकाओं का इलाज संभव है। इसे 'लक्ष्य चिकित्सा' कहते हैं।

इस प्रकार जैव प्रौद्योगिकी ने रसायन उद्योग की कार्य-प्रणाली में बदलाव ला दिया है। रसायन उद्योग के पर्यावरण पर दुष्प्रभावों को कम कर दिया गया है।

इसके अतिरिक्त जैव प्रौद्योगिकी ने भारत की बहुप्रचलित पारंपरिक चिकित्सा पद्धतियों के लिए नया अवसर प्रदान किया है और इस क्षेत्र में भारत के लिए नए प्रतियोगात्मक अवसरों को निर्मित किया है।

आगे का रास्ता

जैसा कि आप देख सकते हैं कि रसायन उद्योगों में हुए विकास ने विभिन्न क्षेत्रों में उद्यम के नए अवसर प्रदान किए हैं। जैव प्रौद्योगिकी काम के तरीकों में बदलाव लाकर पहले से उपलब्ध अवसरों के अलावा नए अवसर प्रदान कर रही है। इससे भारतीय रसायन उद्योग विश्व में सबसे बड़ा हो सकता है।

□

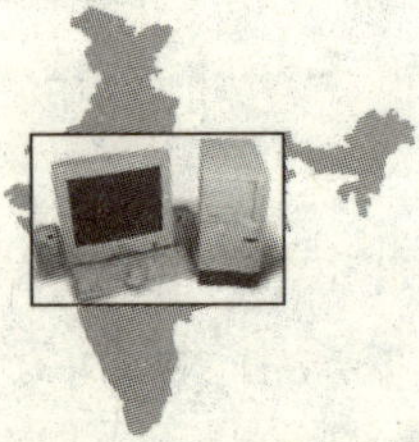

भविष्य के लिए निर्माण

जब आप 'निर्माण' शब्द सुनते हैं तो प्राय: आपके जेहन में स्टील कारखाने, झनझनाती मशीनें और विशाल भट्ठियों से निकलते मायावी धुएँ की छवि बनती है। लेकिन आजकल निर्माण का मतलब एकदम अलग ही है, जैसा कि हम पहले चर्चा कर चुके हैं।

निर्माण के क्षेत्र में भारत की संपन्न परंपरा रही है। औषध, धातु-विज्ञान, निर्माण, वस्त्र, द्रव, इंजीनियरी और जहाज निर्माण की पारंपरिक भारतीय कुशलता मध्यकाल में हमारी अभिनव प्रक्रिया के मुख्य अंग थे। लेकिन जब कारीगरी बड़े पैमाने पर डीजल इंजन और वाष्प आदि ऊर्जा-चालित मशीनों में परिवर्तित हुई तो इनका उत्पादन करने में हम पिछड़ गए। अठारहवीं-उन्नीसवीं शताब्दी में पश्चिमी दुनिया में औद्योगिक क्रांति हुई। तब व्यक्तिगत कुशलता की जगह प्रौद्योगिकी ने ले ली, जो सफल निर्माण का कारण बनी। भारत में यह क्रांति बहुत देर से आई।

आधुनिक विश्व में सफलता की कुंजी प्रौद्योगिकी में निहित है। व्यावहारिक उद्देश्यों के लिए, खासकर उद्योगों में वैज्ञानिक ज्ञान का प्रयोग ही प्रौद्योगिकी है। कोई भी देश, जिसके पास उच्च प्रौद्योगिकी है और जो उत्पादन की गति बढ़ाकर कम मूल्य में उत्तम उत्पाद बना सके, वही दुनिया भर में अपने उत्पाद बेच सकता है, क्योंकि यह उत्पाद कम कीमत पर उच्च गुणवत्तावाला होगा। मध्ययुगीन खोजों से कृषि प्रणाली

में भारी बदलाव आया। बेसमेर भट्ठी (सन् 1856 में) की खोज प्रौद्योगिकी क्षेत्र की प्रगति को दरशाती है, जिसके कारण पहले से कम कीमत पर उच्च गुणवत्तावाले स्टील का निर्माण संभव हुआ है।

प्रौद्योगिकी के अंतर्गत तकनीक और मशीनें आती हैं। रासायनिक प्रतिक्रिया के तरीके, मछली-पालन के तरीके, खर-पतवारों का नाश और कुछ करने के लगभग वे सभी तरीके या पद्धतियाँ, जिसके बारे में आप सोच सकते हैं, इसके अंतर्गत आती हैं। प्रौद्योगिकी में परिवर्तन लोगों के रहने, काम करने एवं सोचने के तरीके में नाटकीय बदलाव ला सकता है। जरा कंप्यूटर के बारे में सोचिए, उसके बिना हमारा जीवन कितना अधूरा था।

बीते समय में भारतीय निर्माण में नई जान आ गई है। यह आप विभिन्न प्रकार की कारों में देख सकते हैं। आजकल शहरों की गलियों में धूम मचानेवाली कारें मुख्य रूप से भारत में निर्मित हैं। कुछ ऐसे क्षेत्र हैं जिनमें भारत के पास असीम क्षमता है। लेकिन निर्माण की गति को बढ़ाना होगा, जिनमें मशीनों के औजार और इलेक्ट्रॉनिक हार्डवेयर ऐसे ही क्षेत्र हैं।

भारत के पास विश्व निर्माण केंद्र बनने की अद्भुत क्षमता है। हमारे पास अभियांत्रिकी और प्रौद्योगिकी में कुशल प्रतिभा है। आधुनिक मशीनें बहुत हद तक स्वचालित हैं, जिनकी देखभाल कंप्यूटर करता है। भारत नवीन सॉफ्टवेयर के द्वारा इस प्रणाली में विशेष योगदान दे सकता है। आजकल निर्माण की अधिकतर प्रक्रिया कंप्यूटर द्वारा संचालित होती है। कई मशीनों में अंदरूनी कंप्यूटर लगे होते हैं, जो उनके कार्यों का मार्गदर्शन करते हैं। इस अध्याय के अंतर्गत कंप्यूटर के प्रभाव एवं सॉफ्टवेयर के प्रभाव की चर्चा करेंगे।

आजकल सबसे विकसित प्रौद्योगिकी प्रणालियाँ कारखाने की खुली भट्ठियों से दूर निष्कासित की जाती हैं। ऐसे कारखानों को हम पुरानी फिल्मों में पाते हैं। इलेक्ट्रॉनिक्स, अंतरिक्ष प्रौद्योगिकी तथा ज्यादातर नए

उद्योगों में अपेक्षाकृत शांत और स्वच्छ वातावरण मिलता है, जो जरूरी भी है। सामान्य जीवन की गतिविधियों को पूर्ण करने के लिए कामगारों की फौज इकट्ठी करना कुल मिलाकर बीते दिनों की बात हो गई है। कुछ स्थितियों में आसान कार्य भी मशीनों के द्वारा किए जाते हैं।

पहले जब किसी उत्पाद का डिजाइन बनाया जाता था तो समय के साथ-साथ श्रम भी अधिक लगता था। इसके लिए कारखानों या प्रयोगशाला में मूक या नकल की गई आकृतियाँ बनाई जाती थीं। यह जरूरी नहीं कि नए उत्पाद के अध्ययन हेतु उसकी प्रतिकृति बनाई जाए। कई नए उत्पादों की डिजाइन कंप्यूटर पर बनाई जा सकती है। किसी खास परिस्थिति में पदार्थ कैसा व्यवहार करता है, इस बात को अब हम जानते हैं। हम कंप्यूटर अनुकरण के द्वारा भी पदार्थों के आचरण (ताप, तनाव एवं दबाव के साथ) की जाँच कर सकते हैं। अनुकरणों के द्वारा उत्कृष्ट डिजाइन का चुनाव कर कंप्यूटर प्रोग्राम को हम सीधे निर्माण प्रक्रियाओं से जोड़ सकते हैं। इस प्रकार उत्पादन की गति बढ़ जाती है। आमतौर पर इन प्रक्रियाओं को कंप्यूटर एडिड डिजाइन (सी.ए.डी.) और कंप्यूटर एडिड मैन्यूफैक्चरिंग (सी.ए.एम.) कहते हैं।

सी.ए.डी./सी.ए.एम. इंजीनियर सी.ए.डी. का प्रयोग त्रिविम (लंबाई, चौड़ाई और गहराई) आरेखन के लिए करते हैं। मोटर कार तथा हवाई जहाज के कल-पुरजों, भूमि योजना तथा मानचित्रों में त्रिविम का प्रयोग होता है। एक इंजीनियर के लिए शुरू-शुरू में हाथ से आरेख खींचना आसान हो सकता है, लेकिन कंप्यूटर द्वारा आरेख बनाना, वितरित करना अपेक्षाकृत ज्यादा आसान हो जाता है।

प्रतिकृति बनाने और सहन-सीमा का प्रभाव जानने के लिए पुरजों को बदलने के बदले इंजीनियर कंप्यूटर का इस्तेमाल विभिन्न डिजाइनों पर अनुकरण जाँच के लिए कर सकता है। उदाहरण के लिए, मोटरकार निर्माणकर्ता सी.ए.डी. का प्रयोग विभिन्न कार डिजाइनों पर कर सकता

है। इसमें हर डिजाइन की प्रतिकृति बनाने की जरूरत नहीं पड़ती है। आज एक कंप्यूटर ढेर सारी मशीनों और औजारों को नियंत्रित कर सकता है। उत्पाद का मशीन-दर-मशीन गुजरना निर्माण की प्रक्रिया के प्रत्येक चरण को पूरा करता है। आज इस व्यवस्था के द्वारा अत्यंत तीव्र क्षमतावाले कंप्यूटरों से किसी भी डिजाइन में कोई भी परिवर्तन आसानी से किया जा सकता है।

डिजाइन के लिए प्रारूप और कंप्यूटर लेखाचित्र को मिलाकर किसी वस्तु का अंतिम मॉडल तैयार किया जाता है। डिजाइनर वीडियो डिस्प्ले स्क्रीन पर इन मॉडलों की जाँच तथा परिचालन करते हैं, जब तक उन्हें उत्पादन और कीमत सहित उसके गुणों में संतुलन न मिल जाए। इसके लिए वे जरूरी जोड़-तोड़ करके देखते हैं। इसके बाद सी.ए.डी. सूचना को सी.ए.एम. प्रणालियों से साझे डाटा बेस के द्वारा जोड़ा जाता है। आजकल छह चरणोंवाली यह प्रक्रिया कंप्यूटर द्वारा की जा सकती है—

1. प्रारंभिक सोच आधारित डिजाइनों को प्राप्त करने के लिए स्केचिंग सॉफ्टवेयर का प्रयोग।
2. सही अभियांत्रिकी आरेखन प्राप्त करना।
3. पुरजा कैसा दिखेगा, इसकी सही-सही तसवीर प्रस्तुत करना।
4. इंजीनियर पुरजों की मजबूती के बारे में आश्वस्त होने के लिए विश्लेषणात्मक सॉफ्टवेयर का प्रयोग करते हैं। इसके लिए ढेर सारे प्रौद्योगिकी ज्ञान की जरूरत होती है।
5. आदि प्रारूप या मॉडल की रचना।
6. सी.ए.एम. सॉफ्टवेयर पुरजा बनानेवाली मशीन को नियंत्रित करता है। उत्पाद के आधार पर इसमें परिवर्तन होता रहेगा। अभियांत्रिकी दल सही सॉफ्टवेयर का इस्तेमाल उत्पादन की जानेवाली वस्तु के लिए कर सकता है।

   इस प्रक्रिया ने लचीली उत्पादन प्रणाली की धारणा को प्रभावित किया है।

निर्माण कार्य में उपयोग होनेवाले यंत्रों की संख्या बहुत अधिक है। कई प्रचलित यंत्र अब इतने सूक्ष्म, परिशुद्ध और बहुमुखी हो गए हैं कि उनका उपयोग विभिन्न उद्देश्यों के लिए किया जा सकता है। सन् 1960 में लेजर की खोज हुई। यह प्रकाश के तीव्र संगत और उच्चतम दिशोन्मुखतावाले पुंज को उत्पादित करता है। लेजर स्केनरों को उपभोक्ता उत्पादों पर बार-कोडों को पढ़ने, स्केनरों, लेजर प्रिंटरों और सी.डी. प्लेयरों में उपयोग किया जाता है।

प्रौद्योगिकी ने हमें साधारण चीजों का भी विभिन्न तरीकों से उपयोग करना सिखा दिया है। जब आप घर पर नल खोलते हैं तो आपको पानी की धार मिलती है। उच्च दबाव पर साधारण पानी की धार का उपयोग स्टील और कंक्रीट जैसी दूसरी वस्तुओं को काटने में किया जा सकता है। परंपरागत आरी या दूसरे काटनेवाले औजारों की तुलना में इसमें और भी कई विशेषताएँ हैं। इससे गरमी, शोर और धूल पैदा नहीं होती, खर्च भी बहुत कम आता है। नए उपादानों का उपयोग भी यंत्रों के रूप में हो सकता है। आधुनिक प्रौद्योगिकी के कारण इन उपादानों ने नए गुण धारण किए हैं। सेरामिक्स, जिसकी चर्चा पिछले अध्याय में हो चुकी है, का प्रयोग भी औजार के रूप में हो सकता है।

इसके प्रकार, प्रचलित पद्धतियों में उत्कृष्ट तरीके का समावेश कर काम को आसानी से और जल्दी पूरा किया जा सकता है। यही आज का निर्माण है। भारत कंप्यूटर का उत्पादन प्रक्रिया में सम्मिलित कर बड़ा लाभ अर्जित करने की स्थिति में है।

भारत में अनेक लघु और अति-लघु निर्माण इकाइयाँ संगठित और असंगठित दोनों क्षेत्रों में हैं। इनमें कारीगरी से लेकर पुराने डिजाइनों की मशीनों और औजारों का उपयोग होता है। इनमें से कइयों के पास मौलिक कुशलता और उसमें विकास की बड़ी संभावना है।

यह महत्त्वपूर्ण है कि लघु उद्योग अपने आपको ज्यादा सक्षम मशीनों से युक्त बड़ी इकाइयों से प्रतियोगिता के लिए तैयार करें। यदि

समय से तालमेल नहीं बिठा पाएँगे तो वे व्यवसाय में अलग-थलग पड़ जाएँगे। इसका मतलब यह है कि कुशलता और मशीनों में लगातार सुधार हो। पुरानी मशीनों की जगह नई और अधिक क्षमतावाली मशीनें तैयार। बेहतर औजार एवं स्वचलन के लिए पुरजों को बदल सकते हैं।

आधुनिक प्रौद्योगिकी में लघु-क्षेत्र की निर्माण इकाइयाँ भी विदेशी उपभोक्ताओं के लिए काम कर सकती हैं और अंतरराष्ट्रीय बाजार के लायक उत्पाद तैयार कर सकती हैं। फैशन और गृह-सज्जा जैसे उद्योग में ऐसा ही होता है। अमेरिका या यूरोप का डिजाइनर सुपरिचित स्टोरों के लिए डिजाइन बनाता है। ऑर्डर इ-मेल या फैक्स के जरिए भारत के विभिन्न भागों में लघु स्तर पर काम करनेवालों को विनिर्देशन भेजा जाता है। कम-से-कम प्रौद्योगिकी के प्रयोग से निर्माण कार्य भारत में होता है और फिर उत्पाद को विदेशी खरीदार तक भेज दिया जाता है।

अभी तक भारत इन सभी कंप्यूटर संचालित मशीनों का उत्पादन नहीं करता है, बल्कि आयात करता है। इसके बावजूद दुनिया भर में उपयोग किए जानेवाली मशीनों के लिए उत्कृष्ट सॉफ्टवेयर में हमारी विशेषज्ञता और निर्माण को मिलाकर भारतवासियों के लिए एक नई प्रौद्योगिकी कारोबार के अवसर पैदा किया जा सकते हैं।

सॉफ्टवेयर और भारतीय सफलता की कहानी

पिछले कुछ वर्षों से सूचना प्रौद्योगिकी उद्योग भारत में मुख्य भूमिका अदा कर रहा है। बंगलौर, हैदराबाद और चेन्नई में सॉफ्टवेयर व्यवसाय की सफलता इसका प्रत्यक्ष उदाहरण है। निर्माण के नए तरीकों और आधुनिक प्रौद्योगिकी के प्रयोग से भारत बहुत कुछ हासिल कर सकता है।

भारत को केवल वर्तमान तेजी और माँग का फायदा नहीं उठाना चाहिए, बल्कि बड़े बाजारों के लिए अपने को तैयार करना चाहिए। भारत एक दशक में सॉफ्टवेयर में अग्रणी होने का सपना देख सकता है।

जब हम सॉफ्टवेयर उद्योग की बात करते हैं तो क्या सही मतलब समझते हैं? सॉफ्टवेयर के अंदर कई अलग-अलग चीजें आती हैं—

संवेष्ठित अनुप्रयोग—जिसका उपयोग हर कोई अपने कंप्यूटर पर कर सकता है; जैसे—गेम्स या ड्राइंग प्रोग्राम।

परिचालन व्यवस्था—कंप्यूटर, जो आपके घर में है तथा नेटवर्क व्यवस्था वाले कंप्यूटर, जो दफ्तरों में होते हैं, दोनों के लिए परिचालन व्यवस्था।

सहायता के लिए सॉफ्टवेयर—कंप्यूटर के बड़े नेटवर्क के लिए प्रबंधन और औजार।

इंटरप्राइज सॉफ्टवेयर—जो बड़े निगमों के लिए उत्पादन, विपणन तथा सूचना तंत्र को उत्कृष्ट व्यवस्था में मदद करता है।

सॉफ्टवेयर अनुप्रयोग और परिचालन व्यवस्था अनुकूल सॉफ्टवेयर—विशेष उद्योग प्रबंध के लिए।

'पैकेज्ड' सॉफ्टवेयर आम उपयोग के लिए तैयार किया जाता है, न कि किसी प्रयोगकर्ता की खास जरूरतों के लिए। इसे इलेक्ट्रॉनिक डाउनलोड, डिस्क या सी.डी. या वेब आधारित सेवा—किसी भी तरह वितरित किया जा सकता है। मोटे तौर पर इसके अंतर्गत एम.एस. ऑफिस, यूटिलिटी, एप्लिकेशन तथा प्रोग्रामिंग लैंग्वेज जैसे ऑपरेटिंग सिस्टम आते हैं।

पिछले वर्षों में भारतीय सॉफ्टवेयर निर्यात खूब बढ़ा है। भारतीय सॉफ्टवेयर कंपनियाँ अमेरिका, मलेशिया, सिंगापुर, हांगकांग तथा लैटिन अमेरिकी देशों में निर्यात कर रही हैं। वर्तमान में इसका 68 प्रतिशत निर्यात उत्तरी अमेरिका में होता है।

भारतीय सूचना प्रौद्योगिकी आधारित सेवा का निर्यात

वर्ष	निर्यात (अरब रुपए में)
1999-00	180
2000-01	279
2001-02	342
2002-03	455
2003-04	598
2004-05	805 (अनुमानित)

नए अवसर

भारत को निर्माण, हेल्थकेयर और दूसरे कामों के लिए विश्वसनीय सॉफ्टवेयर बाजार के एक हिस्से पर कब्जा करने के लिए संगठित प्रयास शुरू करने चाहिए। सूचना प्रौद्योगिकी आधारित सेवाओं के लिए उत्कृष्ट सॉफ्टवेयर सेवा प्रदान करने में भारत की भूमिका महत्त्वपूर्ण हो सकती है।

निर्यात की दृष्टि से भारतीय सॉफ्टवेयर उद्योग की सफलता की कई कहानियाँ हैं—

- एयरोनॉटिकल डेवलपमेंट एजेंसी (ए.डी.ए.) द्वारा विकसित सी.ए. डी./सी.ए.एम. पैकेज, जिसकी जरूरत हलके लड़ाकू विमान (एल.डी.ए.) परियोजना में होती है, बड़े बाजारों में सफल है और एक अमेरिकी कंपनी इसके लिए मार्केटिंग कर रही है।
- ऐसे कई उदाहरण हैं, जिनमें भारतीय सॉफ्टवेयर का उपयोग यूरोप तथा अमेरिका में एयरपोर्ट से लेकर भवन निर्माण के लिए हुआ है।
- शैक्षणिक क्षेत्र के कुछ सॉफ्टवेयर विश्व स्तरीय संस्थानों के द्वारा काम में लाए जा रहे हैं।

सन् 2001 सभी क्षेत्रों में विश्वव्यापी पैकेज्ड सॉफ्टवेयर उद्योग का अनुमानित मूल्य करीब 8500 अरब रुपए था। इसमें भारत की हिस्सेदारी अभी भी बहुत कम है। औद्योगिक घरानों, उद्यमियों तथा विशेषज्ञों के संगठित प्रयास से ऐसा विश्वास है कि वर्ष 2020 तक भारत विश्व बाजार के 10 से 15 प्रतिशत भाग पर कब्जा कर लेगा और विकसित देशों की कंपनियों के सॉफ्टवेयर आपूर्तिकर्ता के रूप में उभरेगा।

निर्माण क्षेत्र में व्यवसाय की प्रकृति कुछ ऐसी है कि कुछ कंपनियों की धाक पूरे विश्व में है। ऐसा उनकी प्रौद्योगिकी आधार और संगठनात्मक मजबूती के कारण है। जबकि आधुनिक प्रौद्योगिकी की माँग और उपभोक्ता जरूरतों का मतलब है कि ये बड़ी कंपनियाँ भी अपने दम पर सबकुछ नहीं कर सकतीं। उन्हें सॉफ्टवेयर, डिजाइन, एप्लिकेशन डेवलपमेंट में लिये कई स्रोतों की जरूरत होती है। भारतीय निर्माण क्षेत्र कुछ विश्वस्तरीय सॉफ्टवेयर कंपनियों से करार कर अपने उत्कृष्ट सॉफ्टवेयर तथा डिजाइन उन्हें दे सकता है।

भारतीय सॉफ्टवेयर उद्योग से संबद्ध कुछ बड़ी संस्थाएँ हैं—

- टाटा कंसल्टेंसी सर्विसेज, एशिया की सबसे बड़ी स्वतंत्र विश्वस्तरीय सॉफ्टवेयर और सेवा प्रदान करनेवाली कंपनी कही जाती है।
- इन्फोसिस टेक्नोलॉजी लिमिटेड, जो दुनिया भर के उपभोक्ताओं को परामर्श और आई.टी. सेवाएँ प्रदान करती है।
- विप्रो टेक्नोलॉजी, एक संयुक्त निगम, जो विभिन्न प्रकार के उत्पाद, सेवा और समाधान, सॉफ्टवेयर, ग्राहक सेवा, चिकित्सा सेवा और प्रौद्योगिकी प्रदान करती है।
- सत्यम कंप्यूटर सर्विसेज विविध प्रकार के आई.टी. समाधान प्रदाता कंपनी है।

इसके अलावा कई छोटी सॉफ्टवेयर कंपनियाँ हैं। ये कंपनियाँ भी सॉफ्टवेयर और सॉफ्टवेयर सोल्यूशन की बड़ी निर्यातक हैं। उदाहरण के

लिए, वर्ष 2001-02 में टाटा कंसल्टेंसी सर्विसेज का राजस्व 4187 करोड़ रुपए था और उसका निर्यात 3882 करोड़ रुपए।

आगे का रास्ता

निर्माण विभिन्न स्तरों की शिक्षा और कुशलता प्राप्त लोगों के लिए रोजगार के अवसर प्रदान करता है। युवाओं के लिए बेहतर रोजगार के अवसर की दृष्टि यह भारत के लिए महत्त्वपूर्ण है। आज यह काम करने के लिए चुनौतीपूर्ण और रुचिकर क्षेत्र है। स्वरोजगार उद्यमी भी बड़ी संस्था के अंग के रूप में ढेर सारी नई प्रौद्योगिकी में प्रवीणता हासिल कर सकते हैं और उसमें सुधार ला सकते हैं।

□

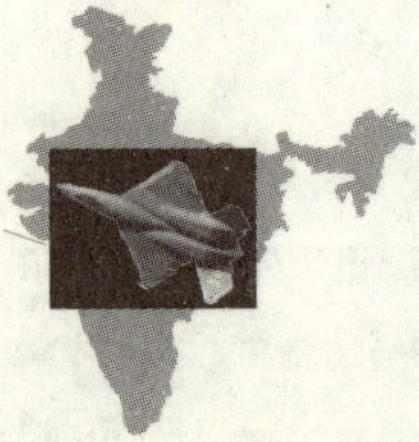

सामरिक उद्योग

एक शक्तिशाली राष्ट्र बनने के लिए स्वतंत्रता, अंतरराष्ट्रीय कार्य क्षेत्र में मान्यता तथा आर्थिक समृद्धि की जरूरत होती है। इसके अलावा निर्णायक क्षेत्रों में संकटकालीन प्रौद्योगिकी का होना भी उतना ही जरूरी है।

जब हम संकटकालीन प्रौद्योगिकी की बात भारत के संदर्भ में

करते हैं तो इसका अर्थ केवल रक्षा हथियारों से नहीं है। इसका मतलब अंतरिक्ष अनुसंधान और परमाणु ऊर्जा से भी है।

सामरिक उद्योग क्यों ?

अपने सामरिक उद्योग को विकसित करना भारत के लिए बहुत जरूरी है।

> बहुत से लोग तर्क देते हैं कि नाभिकीय या अंतरिक्ष कार्यक्रम के विकास की कोई जरूरत नहीं है। 1960 में जब इस कार्यक्रम की शुरुआत की गई तब देश बहुत गरीब था और खाद्यान्न के आयात पर निर्भर करता था। कई लोगों ने तर्क दिया कि इन कार्यक्रमों के लिए धन की जरूरत होती है, जिसका बेहतर इस्तेमाल दूसरी चीजों के लिए किया जा सकता था। लेकिन पं. जवाहरलाल नेहरू और अन्य लोगों का विश्वास था कि विज्ञान और प्रौद्योगिकी का मजबूत आधार भारत

को अविकसित स्थिति से उबरने तथा अपने बलबूते पर विकास के लिए आवश्यक है।

जैसा कि अंतरिक्ष कार्यक्रम के प्रणेताओं में से एक प्रो. विक्रम साराभाई ने सन् 1968 में एक भाषण में कहा, 'ऐसे कुछ लोग हैं जो विकासशील देश में अंतरिक्ष कार्यक्रमों की प्रासंगिकता पर सवालिया निशान लगाते हैं। हमारे लिए उद्देश्य में कोई अस्पष्टता नहीं है। हमारा मानना है कि अगर हमें राष्ट्रीय तथा अंतरराष्ट्रीय स्तर पर अर्थपूर्ण भूमिका निभानी है तो हमें उच्च प्रौद्योगिकी के मामले में किसी से पीछे नहीं रहना चाहिए।'

रक्षा की दृष्टि से अंतरिक्ष या परमाणु ऊर्जा कार्यक्रमों में कई ऐसी चीजें हैं जो इस अर्थ में उतनी महत्त्वपूर्ण नहीं हैं, क्योंकि उसे दूसरे कई स्रोतों से आसानी से प्राप्त किया जा सकता है। कई चीजों में अनेक जटिल प्रक्रियाओं की जरूरत नहीं होती और वे ज्यादा कीमती भी नहीं हैं। दूसरी चीजों को भविष्य की जरूरतों के लिए बचाकर रखा जा सकता है। संकटपूर्ण या संगीन प्रौद्योगिकी के मामले में हमें चयनात्मक होना चाहिए।

वर्तमान में रक्षा आपूर्ति में भारत की जरूरत का केवल 30 प्रतिशत उत्पादन हमारे देश में होता है। वर्ष 2010 तक हमें इस उत्पादन को 70 प्रतिशत तक करने का भरपूर प्रयास करना चाहिए। रक्षा अनुसंधान और विकास के मामले में हमें कम-से-कम समय में आत्मनिर्भर बनने की जरूरत है।

द्वितीय विश्वयुद्ध की समाप्ति से लेकर सन् 1989-91 तक संयुक्त राष्ट्र और भूतपूर्व सोवियत संघ के बीच राजनीतिक तनाव और सैनिक प्रतिस्पर्धा थी। लेकिन शीत युद्ध की समाप्ति के बाद से विकसित देशों में अंतरिक्ष और रक्षा उद्योगों का बाजार सिकुड़ता जा रहा है। संयुक्त राष्ट्र, रूस, फ्रांस जैसे देशों के बाद, जो पहले से ही इन उद्योगों के

मामले में शक्तिशाली हैं, अब एक-दूसरे से प्रतियोगिता की होड़ में हैं। वे नहीं चाहते कि इस क्षेत्र में नए देश या कंपनियाँ उभरें, जिससे पहले से ही छोटे बाजार में उनका हिस्सा कम हो। इस परिदृश्य में यदि हम अपने उपग्रहों को अंतरराष्ट्रीय स्तर पर बेचना चाहते हैं तो हमें इसके पुरजों का निर्माण अपने यहाँ करना होगा। इससे आपूर्ति कमी की वजह से हमारी निर्माण योजना में बाधा नहीं आएगी।

भारतीय अंतरिक्ष कार्यक्रम

भारतीय अंतरिक्ष कार्यक्रम की शुरुआत सन् 1963 में थुंबा भूमध्य रेखीय प्रक्षेपास्त्र प्रक्षेपण स्टेशन से रॉकेट प्रक्षेपण के द्वारा हुई थी। सन् 1968 में उपग्रह प्रक्षेपण यान (एस.एल.वी.) बनाने का निर्णय लिया गया था और इसमें पहली बार सफलता सन् 1980 में मिली। यह एक पूर्ण ठोस प्रचालक यान था। एस.एल.वी.- 3 के सफल प्रक्षेपण ने 'रोहिणी' उपग्रह को पृथ्वी की कक्षा में स्थापित किया।

रॉकेट न्यूटन की गति के तीसरे नियम के सिद्धांत पर कार्य करता है—प्रत्येक क्रिया के बराबर और विपरीत प्रतिक्रिया होती है। रॉकेट इंजन मुख्य रूप से दो तरह के होते हैं—ठोस और द्रव। द्रव रॉकेट में प्रणोदक (ईंधन या ऑक्सीकारक) को अगले द्रव रूप में रखा जाता है और उसे दहन प्रकोष्ठ के नोजल में पंप किया जाता है। ठोस रॉकेट में प्रणोदकों को मिलाकर ठोस सिलिंडर में भरा जाता है। सामान्य तापमान पर प्रणोदक नहीं जलता है। उसे जलाने के लिए ताप जरूरी है, जो दाहक से प्रदान किया जाता है।

एस.एल.वी. प्रक्षेपण के बाद निर्णय लिया गया कि अगला कदम वृद्धिकृत उपग्रह प्रक्षेपण वाहन (ए.एस.एल.वी.) और ध्रुवीय उपग्रह प्रक्षेपण यान (पी.एस.एल.वी.) का होगा। पहले ए.एस.एल.वी. का

सफल प्रक्षेपण मई 1992 में तथा पहले पी.एस.एल.वी. का प्रक्षेपण सितंबर 1994 में हुआ। बाद में इसरो ने भू समकालिक उपग्रह प्रक्षेपण यान पर काम शुरू किया और यह भी परिचालित हुआ। सितंबर 2004 में जी.एस.एल.वी. ने शैक्षिक उपग्रह 'एडूसेट' का प्रक्षेपण किया।

प्रक्षेपण वाहनों का उद्देश्य था भू-कक्षा में दूर-संवेदी कार्यों के लिए दूर-संवेदी उपग्रह (IRS) और संचार, टी.वी. प्रसारण तथा मौसम के लिए बहूद्देश्यीय इनसेट (भारतीय राष्ट्रीय उपग्रह) जैसे कई उपग्रहों को रखना। भारत के पास प्रक्षेपण क्षमता हासिल होने से पहले उपग्रहों को कक्षा में पहुँचाने का काम विदेशी प्रक्षेपण यानों से लिया जाता था। पहला भारतीय उपग्रह 'आर्यभट्ट' था, जो सोवियत संघ से सन् 1975 में प्रक्षेपित हुआ। इसके बाद सन् 1979 में भास्कर I तथा 1981 में भास्कर II का प्रक्षेपण हुआ। पहले दूर-संवेदी उपग्रह का प्रक्षेपण सन् 1988 में सोवियत संघ से हुआ था। देश में विकसित पहले इनसेट का प्रक्षेपण 1992 में पुन: विदेशी प्रक्षेपण यान से हुआ। दूसरे इनसेट को संयुक्त राज्य तथा फ्रेंच गुआना से प्रक्षेपित किया गया।

आजकल स्वदेश निर्मित पी.एस.एल.वी. तथा जी.एस.एल.वी. का प्रक्षेपण भारत में अपनी धरती से किया जाता है। पी.एस.एल.वी. तथा जी.एस.एल.वी. के निर्माण से महान् वैज्ञानिक साराभाई का सपना साकार हुआ है। उनका सपना था कि भारत उपने उपग्रह को निर्मित कर उसे प्रक्षेपित करे। सन् 1994 में भारतीय प्रक्षेपण यान पी.एस.एल.वी. ने भारतीय दूर संवेदी उपग्रह आई.आर.एस.पी.2 को उसकी कक्षा में स्थापित किया। आई.आर.एस.-पी.एस.एल.वी. को मिलाकर दूसरे निश्चित अंतराल पर दूर संवेदी उपग्रहों को प्रक्षेपित करने के बारे में सोच सकता है। आई.आर.एस. पहले से ही विश्व का सबसे बड़ा दूर-संवेदी तारामंडल है, जिसमें और अधिक वृद्धि होनी है। इसी तरह जी.एस.एल.वी. के मामले में भी नई सफलता मिली है और जी.एस.एल.वी.-इनसेट शृंखला भी पूरी तरह से स्वनिर्मित है।

संचार, प्रसरण और मौसम संबंधी सेवाएँ अब भारत में डिजाइन और निर्मित किए गए उपग्रहों द्वारा प्रसारित होते हैं। संचार और सीधी टी.वी. प्रसारण सेवा भारत के लिए खासतौर पर फायदेमंद है। देश के सभी भागों में दूर-शिक्षा पहुँचाने के लिए एडूसैट बहुत उपयोगी है।

प्रक्षेपण यानों के लिए सामग्री, प्रणोदक निर्देश और नियंत्रण मशीनों सहित कई जरूरी कारकों का विकास और निर्माण देश में ही हो रहा है। क्रायोजेनिक इंजन तकनीक को आयात करने की कोशिश में भारत को अनेक कठिनाइयों का सामना करना पड़ा और यह प्रयास विफल रहा। कुछ सालों में भारत को अपनी जरूरतों को पूरा करने के लिए ऐसे प्रक्षेपण यान इंजनों के निर्माण के योग्य बनना चाहिए।

उपग्रह निर्माण के लिए कई इलेक्ट्रॉनिक पुरजे और कुछ सामग्री को बाहर से माँगना पड़ता है। यद्यपि भारत कई पुरजों का सफल निर्माण स्वयं कर रहा है।

भारतीय उपग्रह, प्रक्षेपण यान, दूर-संवेदी डाटा और संचार तथा मौसम से संबंधित अन्य उपकरण नियमित परिचालन तथा व्यावसायिक सेवाओं में काम आ रहे हैं। भारत चाँद की यात्रा से अंतरिक्ष मिशन शुरू करने जा रहा है।

भारतीय नाभिकीय कार्यक्रम

नाभिकीय क्षमता के व्यावसायिक पक्ष, खासकर ऊर्जा उत्पादन ने इसे उच्च प्रमुखता का क्षेत्र बना दिया है। भारत में ऊर्जा की दशा और ऊर्जा देने वाले ईंधनों की उपलब्धता को देखते हुए नाभिकीय ऊर्जा के प्रयोग से नहीं बचा जा सकता है। वैसे थर्मल और हाइड्रोक्लोरिक ऊर्जा की प्रमुखता बनी हुई है। भारत अपनी जरूरत के लिए बड़ी मात्रा में कच्चे तेल का आयात करता है और विदेशी विनिमय में बड़ी कीमत चुकाता है। इसलिए व्यावसायिक स्तर पर नाभिकीय ऊर्जा पैदा करना भारत की जरूरत है। संयुक्त राज्य अमेरिका, जर्मनी, फ्रांस, जापान और

रूस जैसे कई विकसित देशों में प्रायः बड़ी मात्रा में बिजली नाभिकीय ऊर्जा से प्राप्त की जाती है।

नाभिकीय ऊर्जा कार्यक्रम में कई चीजें आती हैं, जिनका निर्माण भारत में हो रहा है। भारत ने सन् 1958 में नाभिकीय ऊर्जा कार्यक्रम का प्रारंभ किया नाभिकीय आविष्कार का परीक्षण 1974 में किया। मई 1998 में पाँच अतिरिक्त नाभिकीय अस्त्र संबंधी परीक्षणों के बाद भारत ने अपने को नाभिकीय अस्त्र क्षमता संपन्न राष्ट्र घोषित कर दिया।

भारत में नाभिकीय कार्यक्रम की कल्पना प्रभावशाली वैज्ञानिकों के छोटे दल द्वारा स्वतंत्रता से पहले ही की गई थी। इन लोगों ने नाभिकीय ऊर्जा के महत्त्व को समझा और स्वतंत्रता के बाद की नई सरकार को नाभिकीय क्षेत्र में संसाधन उपलब्ध कराने के लिए प्रेरित किया। भारत में यूरेनियम और थोरियम के संसाधनों के उपयोग द्वारा परमाणु शक्ति स्थापित करने के लिए दो और तीन चरणों का एक महत्त्वाकांक्षी कार्यक्रम शुरू किया गया। कार्यक्रम का प्राथमिक उद्‌देश्य था कम खर्च पर विद्युत् का उत्पादन करना। अयस्क खनन से लेकर शोधन और ईंधन-निर्माण सुविधा, अनुसंधान, ऊर्जा भट्ठियों, भुक्तशेष ईंधन पुनर्शोधन संयंत्र, भारी जल उत्पादक संयंत्र और कचरा शोधन एवं निपटान व्यवस्था तक का पूरा नाभिकीय ऊर्जा चक्र विकसित किया गया। इससे भारत को तकनीकी क्षमता प्राप्त करने और नाभिकीय अस्त्र बनाने में मदद मिली।

सन् 1962 में भारत-चीन युद्ध और बाद में चीन द्वारा 1964 में किए गए परमाणु परीक्षणों ने भारत सरकार के अंदर और बाहर एक बहस शुरू हुई कि क्या भारत को भी ऐसा करना चाहिए? अंततः नवंबर 1964 में प्रधानमंत्री लाल बहादुर शास्त्री ने शांतिपूर्ण प्रयोजनों के लिए परमाणु परीक्षण हेतु सैद्धांतिक काम की अनुमति दी। 18 मई, 1974 को एक परीक्षण किया गया, जिसे भारत ने शांतिपूर्ण परमाणु परीक्षण कहा।

सन् 1980 के दशक में परमाणु अस्त्र कार्यक्रम को पुनः शुरू

किया गया। मई 1994 में भारत ने लड़ाकू विमानों के लिए परमाणु अस्त्र क्षमता हासिल कर ली। 1996 तक भारतीय वैज्ञानिकों ने एक नाभिकीय युद्धास्त्र विकसित कर लिया, जिसका उपयोग सेना के 'पृथ्वी' I प्रक्षेपास्त्र के साथ किया जा सकता है। इसके बाद मई 1998 में दो और परीक्षण हुए, जिसके बाद भारत की परमाणु क्षमता को औपचारिक रूप से घोषित कर दिया गया। सरकार ने घोषणा कर दी कि भारत विश्वसनीय न्यूनतम निवारक निर्माण करेगा, आगे के परीक्षणों पर तत्काल रोक और पहले इस्तेमाल न करने की नीति का निर्धारण करेगा। इसका मतलब है कि परमाणु अस्त्र का इस्तेमाल केवल आक्रमण की स्थिति में प्रतिरक्षा के लिए होगा। भारत परमाणु अस्त्र की होड़ से बचता रहा है, लेकिन शक्तिशाली देशों के पास इस तरह के अस्त्रों का भंडार है। वे इसका त्याग नहीं करेंगे। इसलिए भारत के लिए भी जरूरी हो गया कि वह इस तरह की क्षमता प्राप्त करे। कठिन संघर्ष के बाद प्राप्त स्वतंत्रता को बरकरार रखने के लिए कम-से-कम आवश्यक प्रतिरक्षा तैयारी जरूरी होगी।

प्रतिरक्षा व्यवस्था

भारत प्रायः सभी प्रतिरक्षा उपकरणों को दूसरे देशों से खरीदता रहा है। सन् 1947 में देश में केवल कुछ ही आयुध कारखाने थे। देशी रक्षा उपकरणों के विकास का क्षेत्र हमारे पास नहीं था, जिसके लिए शुरू में बड़ी पूँजी का निवेश होता है।

रक्षा उपकरणों का आयात एक संवेदनशील क्षेत्र है। विकसित देश अपने पुराने हथियार और रक्षा उपकरणों को बेचने के लिए भारत को उपभोक्ता बनाने में रुचि लेते रहे हैं। वे भारत तथा दूसरे विकासशील देशों को ऐसे उपकरण साख पैकेज के तहत दे सकते हैं और इस प्रकार वह देश, जिसे ऐसे उपकरणों की जरूरत है, ऋणग्रस्त हो जाते हैं।

जहाँ तक रक्षा उपकरणों का सवाल है, भारत ने धीरे-धीरे अपनी

निर्माण क्षमता का विकास किया है। इस समय भारत के पास 39 आयुध कारखाने और 8 सार्वजनिक क्षेत्र के प्रतिष्ठान हैं, जो हेलीकॉप्टरों, अत्याधुनिक इलेक्ट्रॉनिक सामान, भारी ट्रक और टैंक वाहक ट्रेलरों, मिसाइल नावों, विध्वंसकों, तीव्र गतिवाले छोटे युद्धपोतों, पनडुब्बियों, बमवर्षकों और गाइडेड मिसाइलों सहित अनेक तरह के रक्षा उपकरणों का निर्माण करते हैं।

सन् 1980 से राष्ट्रीय विज्ञान और प्रौद्योगिकी संस्थानों, जैसे—इसरो, डी.ए.ई. और डी.आर.डी.ओ. ने रक्षा उपकरणों के विकास पर काम करने के लिए उद्योगों से तालमेल किया। उद्योग और अनुसंधान एवं विकास संस्थानों के इस तालमेल से औद्योगिक प्रतिष्ठानों का उत्साह और आत्मविश्वास बढ़ा। इससे जोखिम उठाने की हिम्मत बढ़ी और सैनिक तंत्र के लिए जरूरी उपकरणों का गहन परीक्षण किया जाने लगा। डी.आर.डी.ओ. ने कई कार्यक्रमों को प्रारंभ किया। एकीकृत गाइडेड मिसाइल विकास योजना (1983), हलके लड़ाकू विमान (1983), विकसित हलके हेलीकॉप्टर (ए.एच.एल.), अर्जुन टैंक (1974), पिनाका तथा बहुनोल रॉकेट लांचर (एम.बी.आर.एल.) जैसी कई छोटी योजनाएँ इन्हीं कार्यक्रमों में से हैं। इनमें कुछ कार्यक्रम दूसरे की तुलना में ज्यादा सफल रहे हैं। 'ब्रह्मोस' एक दूसरा विकसित प्रक्षेपास्त्र है, जो भारत और रूस के संयुक्त प्रयास से विकसित हुआ। भारत में इसका सफल परीक्षण किया जा चुका है और अब बड़े पैमाने पर निर्माण के लिए तैयार है।

एकीकृत मार्ग-दर्शित मिसाइल कार्यक्रम (आई.जी.एम.डी.पी.)—सरकार ने जुलाई 1983 में चार स्वदेशी मिसाइल सिस्टम के विकास के लिए एक कार्यक्रम को अनुमोदित किया। सतह से सतह पर मार करनेवाली लघु और मध्यम लंबी दूरी की बैलिस्टिक मिसाइल 'पृथ्वी', सतह से हवा में प्रहार करनेवाली मिसाइल 'त्रिशूल' व 'आकाश', टैंक-रोधक मिसाइल 'नाग' और अंतर मध्य दूरी की

बैलिस्टिक मिसाइल 'अग्नि' उन्हीं विकास कार्यक्रमों के परिणाम हैं।

'पृथ्वी' किसी भी मौसम में काम करनेवाला, द्रुतगामी, सतह से सतह पर मार करनेवाली गाइडर मिसाइल है, जो शीघ्रता से 40 से 250 किलोमीटर के दायरे में सटीक निशाना लगा सकता है, जो फील्ड गनों के दायरे से बहुत अधिक है। 'पृथ्वी' का लघु प्रतिक्रिया काल और इसे कम-से-कम समय में इच्छित स्थान पर लगाया जा सकता है।

'पृथ्वी' के तीन रूपों (150 कि.मी., 250 कि.मी. तथा 350 कि.मी.) का परीक्षण हो चुका है। 'पृथ्वी I' तथा 'पृथ्वी II' को क्रमशः सेना और वायुसेना में शामिल किया गया है। एक समुद्री रूप का परीक्षण भी हो चुका है। 'अग्नि' का पहला परीक्षण 1994 में हुआ और 1998 के एक मिसाइल परीक्षण में यह 2500 कि.मी. तक उड़ा।

बाहरी हमलों का मुकाबला करने की ताकत प्रदान करने के साथ-साथ 'पृथ्वी' और 'अग्नि' ने यह साबित कर दिया है कि भारत विश्व स्तर के उच्च तकनीक प्रणाली और उपकरणों का निर्माण अपने बलबूते पर कर सकता है।

उलका लड़ाकू विमान (एल.सी.ए.)—एल.सी.ए. विश्व के विकास का काम लंबे समय से चल रहा है। एल.सी.ए. परियोजना की शुरुआत सन् 1983 में हुई और पहला उड़ान परीक्षण जनवरी 2001 में किया गया। बाद के उड़ान परीक्षण भी सफल रहे।

एल.सी.ए. विश्व का सबसे छोटा, हलका और ध्वनि की गतिवाला लड़ाकू विमान है। इसका डिजाइन भारतीय वायु सेना की जरूरतों को ध्यान में रखकर बनाया गया है। उड़ान के समय इसका वजन 10 टन से कम है। ध्यान रहे कि व्यावसायिक वायुयानों का टेक-ऑफ वजन लगभग 400 टन होता है। यह विमान उच्च दर्जे का युद्ध कौशल और श्रेष्ठ प्रदर्शन कर सकता है।

आगे का रास्ता

भारत को भूमि, वायु और जल (सेना, वायुसेना और नौसेना) के

लिए कई दूसरी महत्त्वपूर्ण सामरिक प्रणालियों के विकास की जरूरत है। यदि हम रक्षा प्रणालियों के 70 फीसदी उत्पादन भारत में करने का लक्ष्य रखें तो हम अपने देश में बड़ी निर्माण क्षमता पैदा कर सकते हैं। हमारी सशस्त्र सेना के मनोबल को बनाए रखने तथा उसे विशेष शक्ति-संपन्न बनाने के लिए ऐसी क्षमता की आवश्यकता है। संगीन सामरिक प्रणाली में स्वदेशी क्षमता सशस्त्र सेनाओं को सुसज्जित करने में मदद करेगा।

रक्षा, अंतरिक्ष तथा परमाणु ऊर्जा जैसे सामरिक महत्त्व की प्रौद्योगिकी में ऐसी क्षमता से रोजमर्रा की चीजों में भी लाभ नजर आता है, चाहे वह फ्राइंग पैन हो या ऑटोमोबाइल या संचार। यदि उद्योग और शोध संस्थाएँ लक्ष्य के साथ काम करें तो भारतीय उद्योगों को भारी लाभ हो सकता है और दैनिक जीवन के स्तर में सुधार लाया जा सकता है। मैं यह कहानी सुना चुका हूँ कि हम 'अग्नि' के लिए बने नए पदार्थ से पोलियो प्रभावित बच्चों की मदद करने में सक्षम हुए हैं।

समय बीतने के साथ सामरिक उद्योगों के शोध के परिणामों का प्रयोग दैनिक जीवन में होने लगता है। यह जीवन का सत्य है कि सामरिक उद्योगों के लिए अनुसंधानकर्ता के मस्तिष्क का प्रयोग सॉफ्टवेयर प्रणाली की खोज में लगाया जाय, जिससे अपने नागरिकों के जीवन को पहले से ज्यादा सुखमय बनाया जा सके।

□

सेवाक्षेत्र और भारतीय शिक्षा प्रणाली

कृषि तथा उत्पादन (खनन सहित) से सीधे तौर पर जुड़ी क्रियाओं को छोड़कर सभी आर्थिक क्रियाएँ सेवाक्षेत्र के अंतर्गत आती हैं। आप में से अधिकतर लोग अपने दैनिक जीवन में सेवा क्षेत्र से जुड़े लोगों से मिलते हैं। दुकानदार, जिसके यहाँ से आप खाने की चीजें या अखबार खरीदते हैं; पत्रकार, जो अखबार में लेख लिखता है; बस ड्राइवर, जो आपको स्कूल ले जाता है; स्कूल के शिक्षक, वकील, सरकारी अधिकारी, अभिनेता, वह व्यक्ति जो सिनेमाघर में टिकट बेचता है—ये सब सेवाक्षेत्र से जुड़े लोग हैं। सर्वाधिक सेवाक्षेत्र की व्यापकता ही एक विकसित राष्ट्र की निशानी है।

सेवाक्षेत्र के कुछ उदाहरण—

व्यापार	जन संसाधन	सांस्कृतिक और फुरसत
विपणन	विकास	अवकाश सेवा
मरम्मत का काम	तकनीकी तथा	सरकारी सेवा
शिक्षण	प्रबंधन परामर्श	पुलिस
डाक सेवा	वृद्धावस्था देखभाल सेवा	पर्यटन
बैंक व्यवसाय	जाँच व क्षमता मापन	विज्ञापन
व्यापार प्रोत्साहन	सेवा	मीडिया

कुछ लोग तर्क देते हैं कि केवल सेवाक्षेत्र के बल पर एक देश का काम चल सकता है। शायद यह बात छोटे देशों के लिए ठीक हो, लेकिन भारत जैसे विशाल देश के लिए सत्य नहीं हो सकती। हालाँकि अर्थव्यवस्था में सेवाक्षेत्र मुख्य घटक हो सकता है या होना भी चाहिए। लोगों की बड़ी संख्या को विविध कार्यों में लगाकर सेवाक्षेत्र धन के वितरण और नए धन की उगाही में भी मदद करता है।

लोगों का ऐसा मानना है कि बढ़ते यंत्रीकरण से सेवाक्षेत्र के लोगों के रोजगार पर असर पड़ेगा। कंप्यूटरीकरण से वे अपनी नौकरी से वंचित हो जाएँगे। लेकिन यह सही नहीं है। कंप्यूटर से कार्यदक्षता बढ़ती है। उदाहरण के लिए, रेलवे टिकट काउंटर के कंप्यूटरीकरण का मतलब काम को और जल्दी निपटाना है। सूचनाएँ तेजी से एक स्टेशन से दूसरे स्टेशन को भेजी जाती हैं और आप अपनी आरक्षण स्थिति का पता स्टेशन पर लंबी कतार में खड़े हुए बिना अपनी सुविधानुसार घर बैठे ही लगा सकते हैं। बेशक, कुछ लोगों को नौकरी से हाथ धोना पड़ता है। कंप्यूटरीकरण के बाद क्लर्कों की जरूरत कम हो जाती है। ऐसे में पूरे तंत्र को सुचारु रूप से चलाने के लिए उन्हें काम पर से निकाला जा सकता है। फिर भी लोगों को जरूरत पड़ेगी। वर्तमान श्रमशक्ति को निश्चित रूप से नए कौशल और प्रशिक्षण से लैस किया जाना चाहिए। परिवर्तन का पूर्वानुमान लगाकर उसी आधार पर श्रमशक्ति को तैयार किया जाना चाहिए।

सेवाक्षेत्र में विस्तार से कई नए क्रियाकलाप सामने आए हैं। इस कारण से दूसरे क्षेत्रों में नई जरूरतें बढ़ी हैं। लोगों की आय बढ़ने से संचार की बेहतर जरूरतें बढ़ी हैं। इस कारण से मोबाइल फोन का निर्माण बड़े पैमाने पर होने लगा है। इससे निर्माण के नए क्षेत्र सामने आए हैं। इसी तरह चिकित्सा सेवा के विस्तार से बायोमेडिकल उपकरणों के निर्माण में विकास हुआ है। इस प्रकार सेवाक्षेत्र के विकास से पूरी अर्थव्यवस्था का विकास हो सकता है।

सेवाक्षेत्र व्यक्तियों या छोटे समूहों को सुनिश्चित एवं विशिष्ट सेवा देने की अनुमति देता है। उदाहरण के लिए, पर्यटन उद्योग में कोई व्यक्ति या समूह टिकट बुकिंग का काम कर सकता है तो दूसरा होटल बुकिंग का। कोई स्थानीय परिवहन का और कोई टूरिस्ट गाइड का काम कर सकता है। यदि ये लोग अपनी-अपनी सेवाओं के बीच अच्छा तालमेल बिठा लें तो उपभोक्ता को लाभ तो मिलता ही है, साथ ही उन सबों को इस नेटवर्क के जरिए ज्यादा ग्राहक भी मिल जाते हैं। संभावनाएँ अनंत हैं। रचनात्मक बुद्धिवाला व्यक्ति हमेशा अपने लिए नई संभावनाओं की खोज कर लेता है। सेवाक्षेत्र में कुछ ऐसे भी क्षेत्र हैं जहाँ अभी भी जगह खाली है। बीमा, कृषि तथा ग्रामीण स्वास्थ्य कुछ ऐसे ही क्षेत्र हैं, जहाँ ढेरों संभावनाएँ हैं।

संभवत: शिक्षा सेवाक्षेत्र का सबसे महत्त्वपूर्ण क्षेत्र है। शिक्षा लोगों को दक्षता तथा किसी भी कार्य हेतु आवश्यक ज्ञान प्रदान करती है। अध्यापकों के पास युवा मन को जाग्रत् करने और उन्हें अपने आस-पास की दुनिया में संभावनाओं की तलाश करने योग्य बनाने की बहुत बड़ी जिम्मेदारी है। इसके अलावा, दिनोदिन दुनिया नई तकनीक पर ज्यादा आश्रित होती जा रही है। अपनी कुशलता को नवीन बनाए रखने के लिए जीवनपर्यंत ज्ञान प्राप्त करना हमारे लिए जरूरी होगा। इस तरह की शिक्षा प्रदान करना अपने आप में विकास का एक उत्साहजनक क्षेत्र है।

भारत में शिक्षा

हमारे समाज के लिए जरूरत है कि शिक्षा बहूद्देशीय हो—

नैतिक शिक्षा—किसी भी व्यक्ति के जीवन का सबसे अच्छा समय स्कूल में बीतता है, जब वह पाँच से पंद्रह वर्ष की अवस्था में अध्ययन कर रहा होता है। बच्चें को स्कूल में और घर पर मूल्य-आधारित शिक्षा देने की जरूरत है, ताकि वे अच्छे नागरिक बन सकें।

स्कूल का समय पढ़ाई के लिए सबसे अच्छा समय है। बच्चों को प्रेरक आदर्श वातावरण मिलना चाहिए, जहाँ उन्हें लक्ष्य आधारित शिक्षा के साथ नैतिक शिक्षा भी मिले। यदि छात्र मूल्य आधारित शिक्षा विद्यालय में प्राप्त नहीं कर पाता है तो कोई भी सरकार आदर्श समाज की स्थापना नहीं कर सकती। यदि छात्र अपने अध्ययन काल में नैतिक शिक्षा से वंचित रह जाता है तो राष्ट्र एक प्रबुद्ध नागरिक खो देता है।

क्षमता का एकीकरण—हमें बच्चों में ऐसी क्षमता विकसित करनी चाहिए, जिससे वे आर्थिक विकास और राष्ट्र निर्माण में योगदान दे सकें। ऐसा करने के क्रम में बच्चों को तीन तरह की क्षमताओं का विकास करना चाहिए—

- **अनुसंधान और अन्वेषण क्षमता**—इक्कीसवीं शताब्दी ज्ञान और सूचनाओं के प्रबंधन का है, जिसका विकास पिछली शताब्दियों में हुआ। बच्चों को ऐसा पाठ पढ़ाया जाना चाहिए, जिससे वे उपलब्ध ज्ञान के सागर से अपने लिए एक उपयुक्त रास्ते का चुनाव कर सकें। वे जीवनपर्यंत उस ज्ञान की खोज कर सकते हैं, जो आर्थिक एवं राजनीतिक विकास का समर्थन करता है।
- **सर्जनात्मकता और अभिनव परिवर्तन क्षमता**—सर्जनात्मकता के कई आयाम हैं—वैज्ञानिक आविष्कार, खोज तथा परिवर्तन से लेकर कलात्मक अभिव्यक्ति तक। सर्जनात्मकता लोगों में बदलाव को स्वीकार करने की ताकत, विचारों व संभावनाओं से खेलने की इच्छा, दृष्टिकोण में लचीलापन और अच्छाइयों से आनंदित होने की आदत होती है। ऐसे लोग प्रगति के नए रास्ते की तलाश करते रहते हैं। उत्तम लक्ष्य-प्राप्ति हेतु लगातार कठिन परिश्रम करने की इच्छा और परिवर्तन तथा परिमार्जन का समाधान प्राप्त करना आदि सब सर्जनात्मकता के दायरे में आते हैं।

- **उद्यमकर्ता के लिए नेतृत्व क्षमता**—समस्या की पहचान करना और विकास के संदर्भ में उसका हल निकालना इसके अंतर्गत आते हैं। उद्यमकर्ता के लिए नेतृत्व की शुरुआत हमारी जरूरतों को समझने और उसमें मदद करने की इच्छा से होती है। जरूरत है कि हम नई चुनौतियों को स्वीकार करें, अलग तरीके से काम करें और अपनी सोच पर दृढ़ रहें।

सामाजिक भेदभाव को दूर करना—अध्यापकों को भेदभाव को मिटाने में महत्त्वपूर्ण भूमिका निभानी है। उन्हें बच्चों के मन से जाति, धर्म, वर्ण, वर्ग, लिंग, रंग या आर्थिक असमानता पर आधारित भेदभाव की भावना को दूर करना है। इसका सबसे अच्छा तरीका है स्वयं उदाहरण प्रस्तुत करना। यदि अध्यापक कक्षा में सभी बच्चों के साथ, चाहे वह लड़का हो या लड़की, अमीर परिवार से हो या गरीब से, किसी खास क्षेत्र या धर्म से हो या दूसरे क्षेत्र या धर्म से, सबके साथ समान व्यवहार करता है तो बच्चे भी ऐसा करना अवश्य सीख जाएँगे।

> पिछली शताब्दी में, दुनिया में एक महान् बदलाव आया। कृषि आधारित समाज, जिसमें प्राकृतिक श्रम महत्त्वपूर्ण या, अब वह औद्योगिक समाज में बदल गया, जहाँ प्रौद्योगिकी प्रबंधन, पूँजी और श्रम ने प्रतियोगी वातावरण पैदा किया है। इक्कीसवीं शताब्दी में एक नए समाज का आविर्भाव हो रहा है, जहाँ पूँजी और श्रम के बदले ज्ञान की प्रधानता होगी। वर्तमान शिक्षा पद्धति को नई सहस्राब्दी में उन्हें बौद्धिक कार्यकर्ता बनाना है।

भारतीय स्कूल शिक्षा प्रणाली

आजादी के बाद भारतीय विद्यालयों में प्रवेश लेनेवालों की संख्या आश्चर्यजनक रूप से बढ़ी है।

प्राथमिक स्तर (कक्षा 1 से 5 तक)

वर्ष	लड़का (प्रतिशत)	लड़की (प्रतिशत)
1950—51	60.6	24.8
1980—81	95.8	60.5
2000—01	100	85.9

उच्च प्राथमिक स्तर (कक्षा 6 से 10 तक)

वर्ष	लड़का (प्रतिशत)	लड़की (प्रतिशत)
1950—51	20.6	4.6
1980—81	54.3	28.6
2000—01	66.7	49.9

जैसाकि आप देखते हैं, उच्च प्राथमिक स्तर पर बच्चों के नामांकन की संख्या में भारी गिरावट हुई है।

सन् 2001 में भारत की साक्षरता दर 65.38 प्रतिशत थी। पुरुष साक्षरता 75.85 प्रतिशत थी, जबकि महिला साक्षरता मात्र 54.16 प्रतिशत। सबसे अधिक साक्षरता दरवाला राज्य केरल है, जहाँ जनसंख्या 90.92 प्रतिशत (94.20 प्रतिशत पुरुष और 89.86 प्रतिशत महिला) साक्षर हैं। यदि एक राज्य इस आँकड़े को प्राप्त कर सकता है तो निश्चित रूप से दूसरे राज्यों को भी इसके प्रति जागरूक होना चाहिए।

भारतीय उच्च शिक्षा प्रणाली

यहाँ उच्च शिक्षा प्रणाली का सकारात्मक विकास हुआ है। भारत में 300 से अधिक विश्वविद्यालय हैं। प्रत्येक वर्ष इनसे 30 लाख से अधिक स्नातक निकलते हैं। स्नातक की डिग्री प्राप्त करने के बाद

समस्या की शुरुआत होती है। प्रायः उपलब्ध नई नौकरियों के लिए विशेष कुशलता और प्रशिक्षण की जरूरत होती है। एक सामान्य स्नातक के पास कुछ भी नहीं होता। परिणामस्वरूप, साल-दर-साल पढ़े-लिखे बेरोजगारों की संख्या में वृद्धि हो रही है।

दूसरी समस्या है पर्याप्त संख्या में ऐसे विश्वविद्यालयों का न होना, जहाँ सीधे नौकरी का अवसर दिलानेवाले विषयों की पढ़ाई होती है। जब छात्र स्कूली शिक्षा पूरी कर लेता है और विश्वविद्यालय में प्रवेश करनेवाला होता है, तब उसके सामने कई पारंपरिक विषयों को पढ़ने के विकल्प होते हैं। जरूरत है कि विश्वविद्यालय ऐसे विषयों को पढ़ने का अवसर दें, जिसका सीधा संबंध बाजार में नौकरी के अवसर दिलाने से हो।

प्रश्न है—हम यह कैसे करें ?

शैक्षिक प्रणाली को उद्यमकर्ता के महत्त्व को प्रकाश में लाना चाहिए। इसे छात्रों की उद्यम संबंधी ज्ञान और कुशलता प्राप्त करने में मदद करनी चाहिए। कॉलेज में प्रचलित कला, विज्ञान और वाणिज्य के पाठ्यक्रमों में उद्योग संबंधी विषयों और व्यावहारिक क्षेत्रों को जोड़ा जाना चाहिए। शिक्षण संस्थानों को छात्रों की मदद करनी चाहिए, ताकि वे समझ सकें कि शिक्षा कैसे प्रत्यक्ष रूप से उनके एवं अन्य लोगों के लिए कल्याणकारी हो सकती है। छात्र ज्ञान से जुड़े कार्यों में संलग्न हो सकते हैं, जिससे उनकी योग्यता में वृद्धि हो और वे किसानों, ग्रामीणों और उद्योग-धंधे से जुड़े लोगों को सहयोग करने के योग्य बन सकें। खासकर कृषि विश्वविद्यालयों के लिए यह ज्यादा उपयुक्त है। वे किसानों के साथ काम कर दूसरी हरित क्रांति ला सकते हैं। हमारे स्कूलों, कॉलेजों और विश्वविद्यालयों के पाठ्यक्रम में प्रौद्योगिकी आधारित शिक्षण को प्रमुखता दी जानी चाहिए।

भारतीय प्रौद्योगिकी संस्थान (आई.आई.टी.) विकासशील दुनिया में उच्च शिक्षा का सबसे बड़ा और सफलतम प्रयोग है। विश्व की अग्रणी कंप्यूटर कंपनी 'माइक्रोसोफ्ट' के मालिक बिल गेट्स ने भारतीय प्रौद्योगिकी संरचना को 'एक अविश्वसनीय संस्थान कहा, जिसने वास्तव में दुनिया को बदल दिया और आनेवाले वर्षों में ऐसा ही कुछ और करने की उसके पास क्षमता है।'

भारतीय प्रौद्योगिकी संस्थानों की सूझ सर आर्डेशिर दलाल की थी। वे एक वैज्ञानिक थे, जिन्होंने पाया कि प्रौद्योगिकी स्वतंत्र भारत के निर्माण में महत्त्वपूर्ण भूमिका निभाएगी। इसके लिए देश में प्रतिभावान् इंजीनियरों की जरूरत थी। उनके दृढ़ विश्वास पर पं. जवाहरलाल नेहरू ने सन् 1951 में पहले भारतीय प्रौद्योगिकी संस्थान की स्थापना खड़गपुर, पश्चिम बंगाल में की। सन् 1956 में विद्यार्थियों का पहला बैच तैयार होकर निकला। अब छह और भारतीय सूचना प्रौद्योगिकी केंद्र हैं—मुंबई (1958), चेन्नई (1959), कानपुर (1960), दिल्ली (1961), गुवाहाटी (1994), रुड़की (2001)।

सन् 1950 से आई.आई.टी. ने विश्व के कुछ प्रमुख इंजीनियरों को बनाया। आज उनमें से अधिकांश विश्व एवं भारत की प्रसिद्ध कंपनियों के प्रमुख हैं। ये संस्थाएँ भारतीय उच्च शिक्षा व्यवस्था की उपलब्धियों की सफलता की साक्षी हैं।

भारत में कुछ अन्य संस्थाएँ भी हैं, जिनके पास गुणात्मक महत्ता की एक सूत्रीय शिक्षा है। अमेरिका में 20 लाख भारतीय विशेषज्ञ आई.आई.टी. व अन्य इसी तरह की संस्थाओं से हैं।

व्यावसायिक प्रशिक्षण

पारंपरिक उच्च शिक्षा प्राय: लिपिकीय नौकरियों के लिए प्रोत्साहित करती है। लेकिन हमें समझ लेना होगा कि अच्छी कमाई और हमारे आस-पास के लोगों की जीवन दशा में सकारात्मक परिवर्तन हेतु अनंत संभावनाएँ हैं। उन छात्रों के लिए व्यावसायिक शिक्षा पाठ्यक्रम का

विकल्प होना चाहिए, जो पारंपरिक कॉलेज की डिग्री नहीं लेना चाहते हैं। इसका सीधा संबंध विद्यार्थियों के रोजगार और आय से है।

विकसित देशों में व्यावसायिक पाठ्यक्रमों की उपलब्धता अधिक है। उदाहरण के लिए, अगर हम चौबीस वर्ष की उम्रवाले श्रमशक्ति में व्यावसायिक प्रशिक्षण प्राप्त लोगों का प्रतिशत देखें तो स्पष्टत: भारत को इस क्षेत्र में ज्यादा ध्यान देने की जरूरत है।

देश	प्रतिशत
भारत	5.06
ऑस्ट्रेलिया	64.11
कोरिया	95.86
जर्मनी	75.33
ब्रिटेन	68.46

दूसरे कई समाजों के विपरीत यह हमारे समाज की विचित्रता ही है कि कला, शिल्प और वास्तुशिल्प की समृद्ध परंपरा के बावजूद कौशलपूर्ण मजदूरी एवं कारीगरी के कामों को सम्मानजनक और लाभकारी नहीं माना जाता है। जरूरत है कि हम इन क्षेत्रों में प्रशिक्षण को सुव्यवस्थित करें तथा उन्हें उनके काम के लिए सम्मान भी दें। इस क्षेत्र के विकास हेतु भारत को बड़े 'कुशलता-अभियान' चलाने की जरूरत है। केवल इसी के द्वारा देश के आर्थिक विकास को प्रोत्साहन मिलेगा।

दूरवर्ती शिक्षा/पत्राचार शिक्षा

जैसा कि आप जानते हैं, करीब 70 प्रतिशत भारतवासी गाँवों में रहते हैं। अनुमान के अनुसार, ग्रामीण जनसंख्या के 70 करोड़ लोग 6 लाख गाँवों में रहते हैं। ज्यादातर विश्वविद्यालय और कॉलेज शहरों या नगरों में हैं। प्राय: वहाँ जाकर पढ़ाई करना छात्रों के लिए संभव नहीं है। दूरवर्ती शिक्षा ही एक ऐसा तरीका है, जिसके माध्यम से देश के हर

नौजवान को उत्तम शिक्षा उपलब्ध हो सकती है।

दूरस्थ क्षेत्रों में स्नातकोत्तर स्तर की शिक्षा देने के अलावा दूरवर्ती शिक्षा के माध्यम से साक्षरता अभियान, अकुशल व्यक्ति को प्रशिक्षण देना तथा ग्रामीण क्षेत्रों में शिल्पकर्म को प्रोत्साहित किया जा सकता है।

इसके द्वारा प्रौद्योगिकी आधारित पाठ भी पढ़ाया जा सकता है, ताकि ज्ञान की मशाल देश के कोने-कोने तक पहुँचे। केवल इसी के द्वारा हम देश में उपलब्ध मानव संसाधन को शिक्षित समाज में परिवर्तित कर सकते हैं।

देश में कई दूरवर्ती शिक्षा कार्यक्रम उपलब्ध हैं। इंदिरा गांधी राष्ट्रीय मुक्त विश्वविद्यालय दूरवर्ती शिक्षा में सबसे आगे है। पाठ्यक्रम डाक के द्वारा भेजे जाते हैं। समय-समय पर विभिन्न केंद्रों पर सेमिनार आयोजित किए जाते हैं और दूरदर्शन पर कार्यक्रम भी प्रसारित किए जाते हैं। पंजाब टेक्नीकल यूनिवर्सिटी भी कई व्यावसायिक और प्रौद्योगिकी आधारित विषयों में दूरवर्ती शिक्षा कार्यक्रम चलाने में सफल रही है। कुछ और भी विश्वविद्यालय इस तरह के कार्यक्रम चलाते हैं।

इसके बावजूद भारत में दूरवर्ती शिक्षा कार्यक्रम के और विकास की जरूरत है। प्रौद्योगिकी विकास की वजह से नई संभावनाएँ खुली हैं और पूरे देश में संपर्क सुविधा बढ़ी है। अब इसका ध्यान रखा जाना चाहिए कि हमारे पास देश में ही फाइबर ऑप्टिक केबल, सेटेलाइट संचार, वायरलेस और ब्रॉडबैंड जैसी जरूरी तकनीक उपलब्ध है। यह जरूरी है कि दूरवर्ती शिक्षा नए और आधुनिक तरीकों के द्वारा अधिक-से-अधिक लोगों तक प्रभावशाली ढंग से कम-से-कम समय में पहुँचे।

देश के दूरवर्ती शिक्षा कार्यक्रमों में ये कुछ ऐसे घटक हैं, जिन्हें विकसित करने की जरूरत है—

वर्चुअल (सांकेतिक) कक्षा और दूर-शिक्षा—संचार तकनीक में वृद्धि के साथ दूरवर्ती शिक्षा कार्यक्रमों में वर्चुअल या सांकेतिक कक्षा को शामिल किया जा सकता है। छात्र केवल ध्यानपूर्वक पाठ सुनेंगे ही

नहीं (जैसा दूरदर्शन शिक्षा में होता है), बल्कि वे अध्यापक से प्रश्न भी पूछ सकते हैं। दूरी होने के बावजूद छात्रों के लिए योग्य शिक्षक होने चाहिए। दूर-शिक्षा के द्वारा (टेली-एजुकेशन) एक साथ उस क्षेत्र की कई कक्षाओं को पढ़ाया जा सकता है।

ई-लर्निंग—पाठ्यक्रम की विषय-वस्तु को इंटरनेट के द्वारा पहुँचाया जा सकता है। पाठ्य-सामग्री हर समय ऑन-लाइन उपलब्ध होगी और उस तक स्वतंत्र पहुँच होगी। किसी छात्र द्वारा माँगने पर पाठ्यक्रम उस तक पहुँचाया भी जा सकता है। ई-लर्निंग छात्र को स्वतंत्र शिक्षार्थी बनने के योग्य बनाता है।

डिजिटल पुस्तकालय—पुस्तकालयों को डिजिटल बनाने की जरूरत है। विश्वविद्यालयों और दूरवर्ती शिक्षण कार्यक्रमों के लिए पुस्तकें पूरे विश्व में आसानी से उपलब्ध होनी चाहिए। जब कोई छात्र किसी खास पुस्तक को पढ़ना चाहता है तो ऑन-लाइन के माध्यम से व्यक्ति वहाँ तक पहुँच सकता है। डिजिटल पुस्तकालय के लिए टेली-एजुकेशन सॉफ्टवेयर एक महत्त्वपूर्ण साधन हो सकता है।

बड़ी संख्या में प्राथमिक और माध्यमिक विद्यालयों एवं शिक्षण में रुचि रखनेवाले लोगों को गाँवों में पढ़ाने की जरूरत भारत के सामने एक बड़ी समस्या है। इसलिए मैं एक दृश्य की कल्पना करता हूँ, जिसमें गणित का श्रेष्ठ अध्यापक शहर की कक्षा में पढ़ा रहा है और वह राज्य के सुदूर भागों के छोटे गाँवों के छात्रों द्वारा उसी प्रकार सुना-देखा जा सकता है। इसी तरह भौतिक शास्त्र का श्रेष्ठ अध्यापक गाँव के स्कूल में पढ़ा रहा हो और उसका पाठ दूसरे गाँवों या शहर के स्कूलों तक पहुँच रहा हो।

आगे का रास्ता

हमें भारत के सभी विश्वविद्यालयों और दूसरे शिक्षण संस्थानों की नेटवर्किंग के जरिए एक वर्चुअल या सांकेतिक विश्वविद्यालय की संभावना पर विचार करना चाहिए। इसके द्वारा नेटवर्किंग से जुड़े सभी

विश्वविद्यालय अपने संसाधनों का आदान-प्रदान कर छात्रों को बेहतर शिक्षा दे सकते हैं। इसके विपरीत अपने बलबूते पर छात्र इतनी अच्छी तैयारी नहीं कर सकते।

एक दृश्य की कल्पना कीजिए, जिसमें नोबेल पुरस्कार विजेता अर्थशास्त्री अमर्त्य सेन दिल्ली में अर्थशास्त्र पर व्याख्यान दे रहे हैं और आप चेन्नई में स्थित अपनी कक्षा में बैठे उन्हें देख-सुन रहे हैं। व्याख्यान के बाद आप उनसे प्रश्न पूछ सकते हैं और परस्परता दिखा सकते हैं। सत्र समाप्ति के बाद आप अपने कंप्यूटर पर जाकर उनके द्वारा उल्लिखित पुस्तकों का ऑर्डर दे सकते हैं। यदि वह पुस्तक चेन्नई विश्वविद्यालय के पुस्तकालयों में नहीं है तो कोई बात नहीं। डिजिटल पुस्तकालय के माध्यम से आप उस पुस्तक को ढूँढ़ सकते हैं। बटन दबाते ही पुस्तक आपके कंप्यूटर पर दिखने लगती है। महीनों बाद, परीक्षा से पहले, श्री सेन ने जो कहा, ठीक वही आप प्राप्त कर सकते हैं। आप चेन्नई विश्वविद्यालय जाएँ, जहाँ तमाम व्याख्यानों की रिकॉर्डिंग उपलब्ध है और उसे दुबारा देख लें। क्या यह सब स्वप्न जैसा लगता है ? यह सपना आसानी से सत्य हो सकता है।

वर्चुअल विश्वविद्यालय के पास मुख्य कार्य होंगे—

1. नेटवर्क से जुड़े सभी विश्वविद्यालयों के बीच केंद्रीय भूमिका निभाना।
2. विशिष्ट क्षेत्रों में राष्ट्रीय/अंतरराष्ट्रीय प्रसिद्धि प्राप्त विशेषज्ञों की पहचान करना।
3. भागीदारों की सुविधानुसार विशेषज्ञों के व्याख्यान का आयोजन, संयोजन, प्रसारण और समय-सारणी बनाना।
4. व्याख्यान को परस्पर संवाद सहित रिकॉर्ड कर भाग लेनेवालों के पुनः अध्ययन हेतु डाटा बैंक में डालना।
5. सभी पुस्तकालयों का डिजिटलीकरण करना और सभी विश्वविद्यालयों तक उसकी पहुँच सुनिश्चित करना।
6. इंटरनैट के द्वारा व्याख्यान, प्रायोगिक शिक्षा तथा पुस्तकालय प्रदान करना।

पूरे देश में यह प्रयोग स्कूलों, कॉलेजों, विश्वविद्यालयों तथा व्यावसायिक प्रशिक्षण संस्थानों के लिए आम मंच प्रदान करेगा। यह सब साइबर स्पेस में संपन्न होगा। इस तथ्य के बावजूद इससे सिद्धांत और प्रायोगिक दोनों पहलुओं को समान महत्त्व मिलेगा। इस सुविधा के जरिए दूरसंचार और सूचना प्रौद्योगिकी सेवा के विस्तार में मदद मिलेगी। इससे विभिन्न विश्वविद्यालयों की क्षमता को एक साथ जोड़कर भारतीय छात्रों को उत्तम शिक्षा प्रदान की जा सकेगी।

सितंबर 2004 में 'एडूसेट' का प्रक्षेपण हुआ। यह देश के दूरवर्ती शिक्षा कार्यक्रमों में मदद करेगा। उपग्रह की क्षमता इतनी ज्यादा है कि दक्षिण अफ्रीका की हाल की यात्रा के दौरान मैंने भारत द्वारा अफ्रीका के लिए निर्मित एडूसेट के जरिए पूरे अफ्रीका महादेश को जोड़ने का प्रस्ताव रखा है। लोगों तक ज्ञान पहुँचाने के लिए प्रौद्योगिकी का वास्तविक उपयोग यही है।

□

सभी के लिए स्वास्थ्य

किसी भी समाज का आकलन लोगों को व्यापक स्वास्थ्य सुविधा उपलब्ध कराने की उसकी क्षमता पर आधारित होता है।

> जन स्वास्थ्य सुविधा भारत की प्राचीन परंपरा है। विश्व में यह पहला देश है, जहाँ लगभग 2000 साल पहले कानून बनाकर सुनिश्चित किया गया था कि केवल लाइसेंस प्राप्त डॉक्टर ही अपने को चिकित्साकर्मी कह सकते हैं। यह पहला देश था जहाँ मुफ्त सार्वजनिक अस्पतालों की व्यवस्था की गई थी। ऐसा सम्राट् अशोक ने (273 से 232 ई.पू. तक) अपने शासन काल में किया। उसने विश्व के पहले पशु अस्पताल की भी स्थापना की।

स्वास्थ्य सुविधा के अंतर्गत केवल बीमारियों का इलाज ही नहीं किया जाता, बल्कि उसमें उसकी रोकथाम के लिए जरूरी कदम उठाना भी शामिल है। स्वच्छ पेयजल की आपूर्ति तथा सफाई की उत्तम व्यवस्था भी इसी के अंतर्गत आती है। इन दोनों के बिना लोग जल्दी बीमार पड़ेंगे। समुचित पोषण हेल्थ केयर का दूसरा महत्त्वपूर्ण पक्ष है। बीमारियाँ ऐसे लोगों पर ज्यादा प्रभाव डालती हैं, जिनका स्वास्थ्य किन्हीं और कारणों से ठीक नहीं है। ऐसे लोगों में रोग-प्रतिरोधक क्षमता कम होती है।

अमीर और मध्य वर्ग के परिवारों के बीच स्वास्थ्य संबंधी मुद्दों के प्रति अधिक बचाव या सुरक्षा संतुलित आहार तथा समुचित व्यायाम की जरूरत पर निर्भर करती है। यहाँ चिकित्सक एवं स्वास्थ्य सुविधाएँ बहुतायत में हैं। गरीबों में इन मुद्‌दों के प्रति जागरूकता या चिकित्सकों से परामर्श करने की क्षमता नहीं है। सरकारी स्वास्थ्य कार्यक्रमों का उद्‌देश्य इन्हीं लोगों को सहायता देना है।

यदि आप कभी सरकारी अस्पताल गए हैं तो प्रायः आप पाएँगे कि वहाँ हमेशा काफी बड़ी भीड़ रहती है। वहाँ प्रायः बीमार लोगों की प्रतीक्षारत लंबी कतारें होती हैं। कई अस्पतालों में अच्छे डॉक्टर होते हैं, लेकिन उन्हें ढेर सारे रोगियों को देखना पड़ता है। इसी तरह कई सरकारी अस्पतालों में व्यवस्था अच्छी होती है, लेकिन उपयोग करनेवालों की संख्या बहुत अधिक होती है। परिणामस्वरूप सरकारी अस्पतालों में हमेशा देख-रेख की अच्छी सुविधाएँ नहीं मिल पाती हैं।

उत्तम सवस्थ्य हेतु अपेक्षाएँ—

1. सफाई की उत्तम स्थितियाँ।
2. स्वच्छ पेयजल की आपूर्ति।
3. आवश्यक पूरक खाद्य पदार्थ के साथ समुचित पोषण।
4. घर पर, स्कूल या दफ्तर में तथा कारखानों और खदानों में स्वच्छ वातावरण।
5. प्रतिरोधी स्वास्थ्य सुविधा जैसे—टीकाकरण, प्रतिरक्षण और समय-समय पर स्वास्थ्य जाँच।

सरकारी स्वास्थ्य व्यवस्था

भारत में प्राथमिक स्वास्थ्य केंद्रों का जाल बढ़ता जा रहा है। आगे इसकी कमी को पूरा करने के लिए उपकेंद्र और सामुदायिक स्वास्थ्य केंद्र हैं।

केंद्र	1985	1996
प्राथमिक स्वास्थ्य केंद्र	9,118	21,853
उपकेंद्र	84,053	1,32,778
सामुदायिक स्वास्थ्य केंद्र	761	2,420

जैसा कि आप ऊपर की तालिका में देख सकते हैं, पिछले दशक में स्वास्थ्य केंद्रों की संख्या बढ़ी है; लेकिन देश की जनसंख्या की दृष्टि से यह अभी भी पर्याप्त नहीं है। प्राथमिक स्वास्थ्य केंद्रों की संख्या कम होने के कारण प्राय: ये बड़ी संख्या में लोगों को समुचित स्वास्थ्य सुविधा प्रदान नहीं कर पाते हैं। इसके कई कारण हैं। ओषधियों की आपूर्ति अनियमित या सीमित है। शायद ही वहाँ कभी पर्याप्त संख्या में चिकित्सक या उनके सहायक होते हैं। इसमें सरकारी या राजनीतिक दखलंदाजी हो सकती है। परिणामस्वरूप भारत में सरकारी स्वास्थ्य व्यवस्था के तहत वे सुविधाएँ नहीं दी जाती हैं, जो उन्हें देनी चाहिए।

इसके बावजूद भारत में मृत्यु-दर में कमी आई है। सन् 1971 में मृत्यु-दर, जो 14.9 (प्रति हजार) थी, जो वर्ष 2001 में 8.49 (प्रति हजार) रह गई है।

जीवन प्रत्याशा (वर्ष)	61.1
शिशु मृत्यु-दर (प्रति हजार)	68.0
मृत्यु-दर (प्रति हजार)	8.49
जन्म (प्रति हजार)	25.8

क्या आप जानते थे ? विश्व की सबसे प्राचीन सफाई की प्रणाली भारत के पास है। अंतर्गम पाइपों और नालियों से बना पहला निजी स्नानघर और शौचालय मोहनजो-दड़ो में मिला है। उस समय साधारण घरों में भी ऐसे स्नानघर थे। शर्म की बात है कि 5,000 साल बाद भी अनेक घरों में सफाई की समुचित व्यवस्था नहीं है और ढेर सारे लोगों की पहुँच सरकारी स्वच्छता सुविधाओं तक भी नहीं है।

गंदे पानी का समुचित निकास, कूड़े-करकट, सीवर और घरेलू तथा औद्योगिक कचरे का निपटान उस क्षेत्र में रहनेवालों या काम करनेवालों के स्वास्थ्य के लिए बहुत जरूरी है। अगर आप दिल्ली या मुंबई की गंदी बस्तियों में जाएँ तो आप देख सकते हैं कि लोग अत्यंत गंभीर एवं कठिन स्थितियों में रहते हैं। इसी तरह की हालत कई गाँवों में है, जहाँ जल आपूर्ति की स्थिति बड़ी खराब है और वहाँ प्रायः शौचालयों की सुविधा नहीं है।

देश में सफाई व्यवस्था की हालत सुधारने में 'सुलभ' नाम की एक संस्था काम कर रही है। इसकी स्थापना सन् 1970 में डॉ. बिंदेश्वर पाठक ने की। 'सुलभ' अंतरराष्ट्रीय मान्यता प्राप्त सबसे बड़ी स्वयंसेवी संस्था है, जो 35 हजार स्वयंसेवी कार्यकर्ताओं के साथ सामाजिक सेवा में संलग्न है। इसकी शुरुआत मल-ढोनेवाले सफाई कर्मचारियों को मदद पहुँचाने की श्री पाठक की इच्छा से हुई। उन्होंने सुलभ शौचालय का विकास किया जिसमें मल-ढोने की जरूरत नहीं है। साथ ही सुलभ ने 'भुगतान और उपयोग' के सिद्धांत पर जन शौचालय की शुरुआत की, जो सुलभ कॉम्प्लेक्स के नाम से जाना जाता है। इसमें नहाने, कपड़े धोने तथा शौचालय की सुविधा है। प्रतिदिन लगभग 1 करोड़ लोगों के द्वारा इसका उपयोग किया जाता है। सुलभ मल-आधारित संयंत्रों से बायोगैस तथा बायो-उर्वरक के उत्पादन में भी सबसे आगे है।

पेयजल

नदियों की धरती होने के बावजूद भारत के लाखों लोगों के लिए साफ-स्वच्छ पेयजल की उपलब्धता एक सपना ही है। निश्चित रूप से आपने सिर पर बरतन रखे मरुस्थल में दूर से पीने का पानी लाने जाती हुई राजस्थानी महिलाओं की तसवीर देखी होगी।

> प्रौद्योगिकी पेयजल की जरूरतों को पूरा करने में मदद कर सकता है। जोधपुर स्थित (डी.आर.डी.ओ.) की एक प्रयोगशाला ने एक इलेक्ट्रॉन-हाइड्रोलाइसिस या खारे पानी को पीने योग्य बनाने की एक विधि विकसित की है। देश में कई ऐसे क्षेत्र हैं, जहाँ पानी खारा है और इस विधि का प्रयोग मददगार साबित हो सकता है। खारे पानी को पीने योग्य बनानेवाले दो संयंत्र स्थापित किए गए हैं, जो क्रमशः 20,000 और 40,000 लीटर पेयजल 100 गाँवों में उपलब्ध कराएँगे। इस तरह के संयंत्र देश के अन्य भागों में लगाए जा सकते हैं।

बीमारियों की रोकथाम

कैंसर, मधुमेह, हृदय रोग या आनुवंशिक विकृतियाँ जैसी कुछ बीमारियाँ वास्तव में असाध्य नहीं रह गई हैं। शायद अच्छी आदतों का विकास और लोगों को जागरूक करने के अलावा रोकथाम का कोई और उपाय नहीं है। क्षय रोग, एड्स और डायरिया प्रमुख संक्रामक बीमारियाँ हैं, जो भारत की उच्च मृत्यु-दर का कारण हैं। पहले पोलियो सबसे बड़ी समस्या थी, लेकिन लगातार चलाए जा रहे सरकारी अभियानों की वजह से इस बीमारी पर नियंत्रण पा लिया गया है। निश्चित रूप से पल्स पोलियो अभियान आपने अपने शहर में देखा होगा। क्षय रोग के लिए प्रभावकारी टीका विकसित करना हमारी एक प्राथमिकता है, क्योंकि उपलब्ध टीका पूरी तरह से संतोषजनक नहीं है।

कई संक्रामक रोगों की रोकथाम अपेक्षाकृत सरल उपायों से

कुशलतापूर्वक की जा सकती है—

- सफाई की उपयुक्त व्यवस्था।
- बीमारी फैलानेवाले पदार्थों (जैसे गंदा पानी) और रोगवाहकों (जैसे मच्छरों) पर नियंत्रण।
- प्रतिरक्षण अभियान चलाकर।

इन रोगों से बचाव की जानकारी लोगों तक पहुँचाई जानी चाहिए। इसके लिए स्वास्थ्य शिक्षा कार्यक्रमों को चलाने की जरूरत है। गैर-सरकारी संगठनों और युवा संगठनों को इस काम में लगाया जा सकता है। फिल्म और दूरदर्शन के माध्यम से भी स्वास्थ्य संबंधी जानकारी दी जा सकती है। इसके लिए सामूहिक जिम्मेदारी सुनिश्चित की जा सकती है। हमें कम खर्चवाले उपचार यंत्रों और टीकों की खोज करते रहने की जरूरत है, जिससे स्वास्थ्य सुविधा सबके लिए उपलब्ध हो सके।

यह कैसे संभव हो सकता है?

यह सही है कि सरकारी स्वास्थ्य सेवाओं पर भारी दबाव है। फिर भी इसका उचित हल ढूँढ़ने की आवश्यकता है।

पिछले तीन दशकों में बड़े पैमाने पर स्वास्थ्य सेवाओं का व्यवसायीकरण हुआ है, जो अपने आप में गलत नहीं है। यदि उसी स्तर की बीमा या सामाजिक सुरक्षा की व्यवस्था हो तो यह अधिक-से-अधिक लोगों को उपलब्ध कराई जा सकती है। नियोजकों, केंद्र, राज्य तथा स्थानीय सरकारों को स्वास्थ्य सुरक्षा प्रदान करने की जिम्मेदारी लेनी चाहिए।

व्यावसायिक अस्पताल—विभिन्न शहरों में व्यावसायिक अस्पतालों की संख्या तेजी से बढ़ी है। ये अस्पताल समाज के विभिन्न वर्गों को बेहतर सुविधा प्रदान कर रहे है। स्वास्थ्य सुविधा उद्योग काफी विकसित हुआ है और जाँच तथा उपचार के अत्याधुनिक यंत्रों व प्रणालियों से लैस है।

यदि ऐसे व्यावसायिक अस्पताल ग्रामीण इलाकों में काम करने को राजी हो जाएँ तो ज्यादातर समस्या का समाधान हो जाएगा। जब तक उन्हें सरकार के द्वारा प्रोत्साहन नहीं दिया जाएगा, वे ऐसा नहीं करेंगे। स्वास्थ्य सेवा प्रदान करने के लिए सरकार को पब्लिक सेक्टर और कॉरपोरेट सेक्टर के संयुक्त उपक्रम खोलने पर विचार करना चाहिए। ऐसे कई क्षेत्र हैं जहाँ सरकारी विभाग और निजी क्षेत्र के संस्थान मिलकर काम कर सकते हैं। हमारे पास स्वास्थ्य सुविधा के क्षेत्र में इस तरह का कोई सहयोग प्राप्त नहीं है और यह जरूरी है कि हम ऐसा करें।

चल चिकित्सालय—देश के कुछ भागों में चल चिकित्सालय और अनुसंधान केंद्र खोले गए हैं, जो घर-घर जाकर गाँव के लोगों की जाँच व उपचार करते हैं। अनुसंधान संस्थानों, मेडिकल कॉलेजों, सरकारी एजेंसियों और गैर-सरकारी संगठनों के सामूहिक प्रयास से इस तरह की सुविधाओं का विस्तार किया जाना चाहिए। जाँच और उपचार के लिए चल चिकित्सालयों का आधुनिक उपकरणों से लैस होना जरूरी है, ताकि वैसे लोगों का समुचित उपचार किया जा सके, जो शहरों तक नहीं पहुँच सकते या उपचार का खर्च नहीं उठा सकते।

अक्तूबर 2002 में एक चल निदान केंद्र की शुरुआत उत्तरांचल में की गई, जो आम लोगों के द्वार तक तकनीक पहुँचाने हेतु टाइफैक का मिला-जुला प्रयास है। यह निदान केंद्र अत्याधुनिक अल्ट्रासाउंड, एक्स-रे और ई.सी.जी. मशीनों और एक कंप्यूटरीकृत पैथोलॉजी जाँच केंद्र से युक्त है। इसमें स्वास्थ्य शिक्षा देने तथा हर रोगी के कंप्यूटरीकृत स्वास्थ्य विवरण रखने की व्यवस्था है। इसकी देखरेख डॉक्टरों और तकनीशियनों के एक दल द्वारा की जाती है। अब तक यह 40 हजार रोगियों की सेवा कर चुका है। इस तरह के निदान केंद्र भारत की ग्रामीण जनता की जरूरतों को पूरा करने में सहायक हो सकते हैं।

सभी के लिए स्वास्थ्य : राष्ट्रीय संपत्ति उत्पादक

विश्व स्तरीय निदान और उपचार प्रणाली की उपलब्धता भारत की श्रेष्ठता है। ठीक इसी तरह की व्यवस्था पर भारत में खर्च विकसित देशों की तुलना में बहुत कम है। हमें इसका लाभ उठाना चाहिए और विभिन्न देशों के रोगियों को भारत में आकर्षित करने का प्रयास करना चाहिए, जबकि यहाँ पर उत्तम चिकित्सा सुविधाएँ बहुत कम कीमत पर उपलब्ध हैं।

स्वास्थ्य-उद्योग को इसके लिए निश्चित तौर पर तैयार रहना चाहिए कि वह अपने मरीजों को संपूर्ण सुविधाएँ उपलब्ध करा सके। इसके अंतर्गत चल चिकित्सा परिवहन व्यवस्था के माध्यम से उपचार, संस्तुति, स्वास्थ्य-लाभ तथा अस्पताल की सुविधाएँ शामिल हैं। भारत की परंपरागत चिकित्सा पद्धतियाँ, जैसे—आयुर्वेद, सिद्ध, यूनानी तथा अन्य, उन मरीजों को आकर्षित करती हैं जो वैकल्पिक शारीरिक चिकित्सा पद्धति को पसंद करते हैं। अतः स्वास्थ्य उद्योग में राष्ट्रीय संपत्ति उत्पादन की अपार क्षमता निहित है।

पूरक ओषधियाँ

हम पहले देख चुके हैं कि भारत कैसे जड़ी-बूटियों के प्राचीन ज्ञान का अनुपम भंडार है। कई ओषधियाँ यहाँ प्रचुर मात्रा में उपलब्ध हैं। इस सुविधा को उच्च तकनीक से जोड़कर हम इस क्षेत्र में अपार संभावनाओं की खोज कर सकते हैं।

भारत में कई वैकल्पिक चिकित्सा पद्धतियाँ प्रचलित हैं, जैसे—योग, आयुर्वेद, यूनानी, होम्योपैथिक, सिद्ध और प्राकृतिक चिकित्सा। ये हमारे देश के लिए विलक्षण और प्रायः अपने आप में संपूर्ण हैं। यदि हम इन पद्धतियों को अस्पताल में उपलब्ध प्रमुख चिकित्सा सुविधाओं का अंग बना लें तो यह आदर्श साबित होगा। रोगियों के पास विकल्प होगा कि उन्हें किस तरह की चिकित्सा पसंद है।

विभिन्न चिकित्सा प्रणालियों को एक साथ लाने के और भी बहुत से फायदे हैं। इससे ओषधियों का शीघ्र विकास और सामूहिक क्लीनिकल परीक्षण के जरिए शीघ्र निकासी होगी। देश के लिए धन अर्जित करने की इस क्षेत्र में अपार क्षमता है।

आगे का रास्ता

मानव संसाधन की दृष्टि से हमारा देश बड़ा धनी है। यहाँ अनेक पूर्ण प्रशिक्षित डॉक्टर, तकनीशियन, प्रतिभाशाली वैज्ञानिक मौजूद हैं। उच्च्व अनुसंधान और अन्य सेवाओं के लिए मूलभूत सुविधाएँ उपलब्ध हैं। उपलब्ध सुविधाओं से अनुसंधान की गति को आगे बढ़ाने के लिए वचनबद्ध और दृढ़ विश्वासी विशेषज्ञों का एक तंत्र बनाना आज के समय की माँग है।

हमारे देश में प्रति 1,800 लोगों के लिए केवल एक चिकित्सक है। कुछ विकसित देशों में यह अनुपात 1 : 600 है। सभी नागरिकों को उत्तम स्वास्थ्य सुविधा प्रदान करने के लिए हमें देश में कम-से-कम दुगुने डॉक्टरों और पैरामेडिकल स्टाफ की जरूरत है। जरूरी नहीं कि इसके लिए केवल सरकारी निवेश हो। निजी क्षेत्र के द्वारा भी अस्पताल खोले जा सकते हैं, यदि उन्हें मूलभूत आवश्यकताओं के लिए आर्थिक सहायता मिले।

हमें प्रमुख जगहों पर 30 हजार स्थायी टेलीमेडिसिन केंद्र और 20 हजार मोबाइल टेलीमेडिसिन इकाइयाँ खोलने की जरूरत है। इन्हें जिला एवं राज्य अस्पतालों और अति विशिष्ट अस्पतालों से जोड़ा जाएगा। परिणामस्वरूप स्वास्थ्य सुविधाओं की पहुँच सभी घरों तक होगी और यह सब करना संभव है; क्योंकि भारत के पास विशाल उपग्रह संचार नेटवर्क है।

□

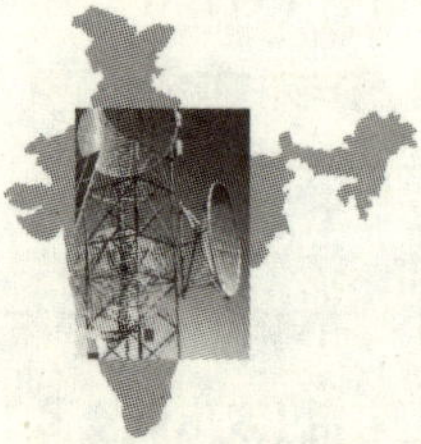

आधारभूत ढाँचे का विकास

भारत को विकसित राष्ट्र बनाने के लिए सिर्फ कृषि, उत्पादन, सामरिक उद्योगों, सेवा, शिक्षा एवं स्वास्थ्य सेवाओं का होना भर जरूरी नहीं है, बल्कि इन सभी को एक निश्चित संरचना या जुड़ाव की जरूरत पड़ती है, जो उसे कार्य करने के योग्य बनाती है।

यदि सामान (माल) समय पर बाजार में नहीं पहुँचता है तो उच्च उत्पादन का कोई महत्त्व नहीं है। बिजली के बिना दुनिया के सबसे अच्छे कारखाने भी कार्य नहीं करेंगे। भारत के निर्माता एवं पूरे विश्व के खरीदार संचार सुविधा के बिना संपर्क स्थापित नहीं कर पाएँगे। आज की दुनिया, जो विविध रूप में घनिष्ठता से जुड़ी है, यातायात एवं संचार व्यवस्था की तकनीक का आभार प्रकट करती है। प्रत्येक उत्पादन केंद्र का पूरे देश-विदेश से त्वरित जुड़ाव होना चाहिए। विद्युत् शक्ति यातायात एवं संचार के लिए बेहतर सुविधा उपलब्ध करानेवाली तकनीक है।

सूचना का त्वरित स्थानांतरण होना भी आवश्यक है। हम लोग यह चर्चा कर चुके हैं कि कैसे विदेश में भारतीय कारखानों में तैयार डिजाइनों का मशीनीकरण कर पाना संभव है, चाहे वह वस्त्र हो या फिर चमड़े की चीज या अभियंत्रण पद्धति। इसके लिए हमें जानकारियों के त्वरित स्थानांतरण की आवश्यकता पड़ती है। बी.पी.ओ. के कार्य का

संपूर्ण सार इसी प्रकार के संचार पर निर्भर करता है।

आधारभूत संरचना में आते हैं—

1. **भौतिक यातायात व्यवस्था**—(अ) बसें, रेलगाड़ियाँ, हवाई जहाज; (ब) हवाई अड्डे, बंदरगाह, स्टेशन; (स) वे सभी जो यातायात की सुविधा मुहैया कराते हैं। अच्छी सड़कें एवं पटरियाँ, पर्याप्त सावधानियाँ एवं अच्छे संकेत यदि हों।
2. **दूरसंचार तंत्र**—टेलीफोन, इंटरनेट सुविधा, उपग्रह, प्रकाशीय रेशे एवं मोबाइल टेलीफोन।
3. **ऊर्जा**—जो कि भौतिक यातायात एवं दूरसंचार तंत्र, दोनों के लिए बहुत आवश्यक है।

यदि किसी देश की अर्थव्यवस्था में बढ़ोतरी करनी है तो सरकार को आधारभूत संरचना में निवेश करना चाहिए। उपर्युक्त वर्णित सभी सुविधाओं को विकसित करना होगा और उन्हें अच्छी दशा में रखना होगा।

इन दिनों आधारभूत संरचना कुल निवेश में वृद्धि हो रही है—

दसवीं पंचवर्षीय योजना (2002—07) की कुल रकम का 26.5 प्रतिशत व्यय ऊर्जा पर, 14.8 प्रतिशत यातायात पर खर्च करने की योजना है और 6.5 प्रतिशत संचार व्यवस्था पर। कुल मिलाकर संपूर्ण व्यय का 47.8 प्रतिशत देश में आधारभूत संरचना को विकसित करने पर खर्च होना है।

इस अध्याय में हम ऊर्जा के पहलुओं पर सूक्ष्म अध्ययन करेंगे।

वर्ष	रकम (करोड़ रु. में)
1980—81	6,000
1990—91	29,000
1994—95	50,000

ऊर्जा उत्पादन

कोई भी राष्ट्र गुणात्मक शक्ति स्रोत की उपलब्धता के बिना आधुनिक बनने की चाह नहीं रख सकता। जादूगर की छड़ी जैसी सूचना तकनीक का अस्तित्व बिजली के बिना संभव नहीं है। गुणात्मक शक्ति से तात्पर्य है स्थायी और निर्बाधित आपूर्ति, जिसकी वोल्टेज या आवृत्ति में अंतर न आए।

हमारा राष्ट्र ऊर्जा संकट के दौर से गुजर रहा है। देश के बहुत से भागों में ऊर्जा की भारी कमी बनी हुई है। जहाँ कहीं भी शक्ति उपलब्ध है, वहाँ भी हमेशा भरोसा करने लायक नहीं है। मानव का कीमती समय अव्यवस्था के कारण बरबाद हो जाता है। संचार की समुचित व्यवस्था के बिना आधुनिक ज्ञान पर आधारित कोई भी अर्थव्यवस्था नहीं चल सकती। समस्याओं की पहचान कर उनका हल ढूँढ़ने की तुरंत आवश्यकता है।

भारत में विकास की तेज गति का तात्पर्य है वाणिज्यिक और गैर-वाणिज्यिक उद्‍देश्यों के लिए अतिरिक्त गुणात्मक शक्ति की जरूरत है। ज्यों ही लोगों के जीवन-स्तर में वृद्धि होती है, घरेलू उपभोग के लिए शक्ति की अतिरिक्त जरूरत पड़ती है। पिछले कुछ सालों में ऊर्जा उत्पादन में वृद्धि हुई है, पर इसकी माँग भी वैसे-की-वैसी है।

विद्युत् उत्पादन की सही मात्रा नीचे दी गई है। यह स्थापित क्षमता से पर्याप्त रूप में कम है।

हमारा देश 1 अरब 70 लाख की जनसंख्यावाला देश है। भारत की जनसंख्या 2050 तक डेढ़ अरब पहुँचने की संभावना है। यदि हम यह मानकर चलें कि भारत के लोगों की बढ़ रही माँगों के अनुसार प्रति व्यक्ति विद्युत् उत्पादन प्रतिवर्ष 5,000 किलोवाट घंटा है तो देश को 7,500 अरब किलोवाट घंटा विद्युत् उत्पादन की योजना बनानी होगी। यह वर्ष 2001-02 के दौरान हुए उत्पादन का 12 गुना है। इस प्रकार के विद्युत् उत्पादन के लिए विभिन्न मुद्‍दों पर ध्यानपूर्वक परीक्षण की

ऊर्जा उत्पादन	जल उपयोगिता	तापीय उपयोगिता	नाभिकीय उपयोगिता	अनुपयोग	कुल
1950-51	2.5	2.6	—	1.5	6.6
1970-71	25.2	28.2	2.4	5.4	61.2
1980-81	46.5	61.3	3.0	8.4	119.3
1990-91	71.7	186.5	6.1	25.1	289.4
2001-02	73.9	422.0	19.3	58.0	573.2

सभी तथ्य एक अरब घंटों में।

*अनुपयोगी से तात्पर्य है—बड़े उद्योगों द्वारा निजी खपत हेतु ऊर्जा का उत्पादन। शेष अन्य तथ्य गिजी उपभोक्ता एवं उद्योग हेतु ऊर्जा उत्पादन को संकेत करते हैं।

(1 kwh) अर्थात् किलोवाट-घंटा। किए गए कार्य की वह मात्रा, जो एक घंटे में 1 किलोवाट ऊर्जा खर्च करने से प्राप्त होती है। यह 100 वॉट के बल्ब के 10 घंटे तक जलने से खर्च हुई बिजली की मात्रा है।

1 मेगावाट 1000 = वाट = 10 किलोवाट।

जरूरत है; जैसे ऊर्जा की विविधता, आपूर्ति स्रोत एवं तकनीकी, आपूर्ति की सुरक्षा, पर्याप्तता, ऊर्जा की सुरक्षा, स्थानीय, क्षेत्रीय एवं विश्वव्यापी पर्यावरण पर प्रभाव और माँग प्रबंधन।

विद्युत् शक्ति की कमी औद्योगिक विकास को भारी नुकसान होने का प्रमुख कारण है। जीवाश्म ईंधन, जो कि ऊर्जा उत्पादन के लिए सुरक्षित भंडार थे, तेजी से प्रयोग में आ रहे हैं। इस कारण गैर-पारंपरिक ऊर्जा संसाधनों से शक्ति उत्पादन का महत्त्व बढ़ गया है।

ऊर्जा के पारंपरिक स्रोत

तापीय ऊर्जा—जीवाश्म ईंधन, जैसे कि कोयला, लकड़ी एवं तेल को जलाकर विद्युत् उत्पादन करने का यह सबसे पारंपरिक साधन

है। वर्तमान समय में भारत में शक्ति उत्पादन का प्रमुख आधार कोयला है। आज कुल शक्ति के उत्पादन का 70 प्रतिशत कोयला को जलाकर प्राप्त होता है।

कोयले का उपयोग विद्युत् उत्पादन में होने से प्रतिवर्ष लगभग 1000 करोड़ टन अपशिष्ट की प्राप्ति होती है। यह आवश्यक है कि इसका उचित उपयोग हो। इनका उपयोग कृषि-उत्पादन बढ़ाने में तथा सड़कें बनाने की सामग्री के रूप में हो सकता है।

भारत में उपलब्ध कोयले की गुणवत्ता बहुत ही निम्न है, जिसमें राख की मात्रा 35-50 प्रतिशत तक रहती है। कोयले का लगभग 221 अरब टन भंडार तथा लगभग तेल और गैसों की सीमित उपलब्धता होने के बावजूद कोयला भारत में लंबे समय तक तापीय ऊर्जा उत्पादन का मुख्य आधार रहेगा।

तापीय शक्ति से सबसे बड़ी हानि यह है कि कोयला, तेल और लकड़ी पुनरुत्पादन क्षमतावाले ऊर्जा-स्रोत नहीं हैं। इसलिए एक समय ऐसा आएगा जब ये सब उपलब्ध नहीं होंगे और ऊर्जा के अन्य स्रोतों की खोज करनी होगी। जीवाश्म संसाधन, चाहे वह कोयला हो या तेल, उन पर निर्भरता कम करनी होगी। उन्हें प्रयोग में लाने के लिए आधुनिक तकनीक के द्वारा कोयले को गैसीय रूप में उपयोग करके इस दिशा में प्रथम कदम बढ़ाना चाहिए।

भारत का प्रथम जल विद्युत् संयंत्र सन् 1897 में दार्जिलिंग में बनाया गया। भारत में ऊर्जा कंपनियों में सबसे पुरानी टाटा जल विद्युत् ऊर्जा आपूर्ति कंपनी है, जो सन् 1910 में स्थापित हुई थी। जे.एन. टाटा, जिन्होंने भारत की पहली इस्पात कंपनी स्थापित कर नई तकनीक की खोज के लिए विश्व-भ्रमण किया। नियाग्रा जल-प्रपात जाने के बाद

वहाँ जल विद्युत् उत्पादन के अध्ययन के बाद जमशेदजी ने एक जल विद्युत् उत्पादन योजना को प्रस्तावित किया, जिससे कि मुंबई को सस्ती और सुलभ विद्युत् की आपूर्ति हो सके। उनका यह स्वप्न उनके बेटे दोराबजी टाटा द्वारा पूर्ण किया गया। आज टाटा विद्युत् निजी क्षेत्र में सबसे बड़ी ऊर्जा कंपनी है।

पनबिजली ऊर्जा—इसका उत्पादन बाँध द्वारा जल की शक्ति से होता है। बाँध के ऊपर से गिरते हुए पानी को जल-प्रपात की तरह टरबाइन पर छोड़ा जाता है, जिससे विद्युत् उत्पादन किया जाता है। पूरे विश्व की लगभग 7 प्रतिशत ऊर्जा जल विद्युत् द्वारा प्राप्त होती है।

जल शक्ति का एक महत्त्वपूर्ण लाभ यह है कि जल ऊर्जा का नवीकरणीय स्रोत है। वैसे यह बड़े पैमाने पर विस्थापन को जन्म देती है, जहाँ जनसंख्या घनत्व में वृद्धि मुख्य मुद्दा है।

भारत की नदियाँ भौगोलिक रूप में बिखरी हुई हैं। कुछ क्षेत्रों में इनमें अच्छी क्षमता है। परंतु इस सामर्थ्य का मात्र एक भाग ही उपयोग में आता है। कुछ बहुत बड़े जल विद्युत् उत्पादन केंद्र हैं—दामोदर घाटी, भाखड़ा नाँगल, हीराकुंड और नागार्जुन सागर बाँध आदि।

छोटी ऊर्जा परियोजनाओं द्वारा भारत की नदियों के जल का उपयोग कर एक छोटे समुदाय को ऊर्जा उपलब्ध करानी चाहिए। दुर्भाग्यवश वर्तमान समय में नदियों का विस्तार काफी महँगा है। पर लंबे दौर में यह अनेक उद्देश्यों को सफल बनाएगी, जिससे निवेश में भी वृद्धि होगी।

भारत में कई छोटी-छोटी जल विद्युत् परियोजनाएँ हैं, जो छोटे क्षेत्रों में विद्युत् की आपूर्ति करती हैं। इनसे लाभ यह है कि इनको स्थापित करने में खर्च कम है और यह जनसंख्या को विस्थापित नहीं करती, जैसा कि कई बड़े प्रोजेक्टों में होता है।

संसाधनों के दोहन से संबंधित सभी मुद्दों को समझकर यथासंभव ही अधिकाधिक जल-शक्ति का उपयोग होना चाहिए।

गैर-पारंपरिक ऊर्जा के स्त्रोत

सौर ऊर्जा—जैसा कि नाम से ही स्पष्ट है, इस ऊर्जा का संबंध सूर्य से है। फोटोवाल्टेयक सेलों से सौर ऊर्जा का रूपांतरण विद्युत् ऊर्जा में होता है, जो कई उपकरणों में शक्ति का काम करते हैं। आप सामान्यत: इसे कैलकुलेटर में देख सकते हैं, जो बिना सेल के कार्य करते हैं।

प्राकृतिक गैस, कोयले एवं नाभिकीय शक्ति की भाँति सौर ऊर्जा को ईंधन की जरूरत नहीं पड़ती और यह वायु को बिना प्रदूषित करते हुए, बिना कोई हानिकारक अपशिष्ट छोड़ते हुए कार्य करती है।

फिर भी इसको विद्युत् शक्ति के रूप में उपयोग के रूप में लाने के लिए प्रारंभिक निवेश की जरूरत पड़ती है। शोधकर्ता यह अनुमान लगाते हैं कि सूर्य एक सेकंड में इतनी ऊर्जा उत्पादन करता है जिससे पूरे मानव समुदाय की जरूरतों को 2000 सालों तक पूरा किया जा सकता है।

पवन ऊर्जा—पवन चक्र टरबाइन के माध्यम से विद्युत् का उत्पादन करती है। सन् 1980 के दौरान पूरे विश्व में 20 हजार से भी अधिक पवन चक्कियाँ स्थापित की गईं। आज यह ऊर्जा का सबसे महत्त्वपूर्ण स्त्रोत माना जाता है। वैज्ञानिक अनुमान लगाते हैं कि वर्ष 2030 तक वायु ऊर्जा पूरे विश्व के विद्युत् उत्पादन का 10 प्रतिशत विद्युत् प्रदान कर सकती है।

भारत विश्व के पाँच सबसे बड़े वायु ऊर्जा उत्पादकों में से एक है। वर्तमान में भारत में करीब 200 पवन ऊर्जा फार्म हैं। पवन ऊर्जा से शक्ति उत्पादन के महत्त्व को भारत में सातवीं पंचवर्षीय योजना (1985-90) के दौरान महसूस किया गया। भारत में पवन ऊर्जा से शक्ति उत्पादन का सामर्थ्य 45,000 मेगावाट माना गया है। वर्ल्डवाच इंस्टीच्यूट ने भारत को नई 'पवन महाशक्ति' कहा है।

पवन शक्ति का मुख्य गुण यह है कि इसकी स्थापना में पारंपरिक तापीय संयंत्रों की स्थापना की अपेक्षा खर्च कम आता है। यह बहुत

सस्ती है और प्रदूषण-रहित है तथा वातावरण को सुरक्षा प्रदान करती है।

नाभिकीय ऊर्जा—नाभिकीय ऊर्जा का उत्पादन यूरेनियम और प्लूटोनियम के अणुओं के विघटन से होता है। पूरे विश्व में करीब 350 नाभिकीय संयंत्र हैं, जो पूरे विश्व के विद्युत् कुल उत्पादन के 5 प्रतिशत से ज्यादा भाग की आपूर्ति करते हैं। नाभिकीय संयंत्र प्रदूषणकारी गैस नहीं छोड़ता, पर इसमें दुर्घटना की ज्यादा संभावना रहती है।

भारत में कुछ वर्षों से नाभिकीय ऊर्जा विद्युत् आपूर्ति में महत्त्वपूर्ण योगदान दे रही है। डी.ए.ई. द्वारा जारी की गई योजना की रूपरेखा घरेलू यूरेनियम संसाधनों का उपयोग दाबकृत भारी जल रिएक्टर संयंत्र उपयोग करने का विचार करती है।

इस प्रकार, भारत में नाभिकीय शक्ति एक सुस्थापित तकनीक है। फास्ट ब्रीडर संयंत्र में अपशिष्ट पदार्थों का पुनः नवीकरण किया जाता है। थोरियम संयंत्रों, यूरेनियम एवं थोरियम के उपयोग से शक्ति उत्पादन करना होगा, जो नाभिकीय ईंधन में समर्थता दे सकें तथा पुनर्चक्रण तकनीक का उपयोग हो सके।

वर्तमान में भारत में 6 नाभिकीय ऊर्जा संयंत्र कार्यरत हैं—

नाभिकीय ऊर्जा संयंत्र	स्थापित क्षमता (MWe* में)
तारापुर	320
राजस्थान	740
कलपक्कम	390
नरौरा	440
ककरापाड़ा	440
कैगा	440
कुल	**2770**

*MWe का अर्थ है—विद्युत् उत्पादन मेगावाट में।

जीवन-संचार ऊर्जा—बायोमास अर्थात् जीवन-संचार ऊर्जा की प्राप्ति कार्बनिक पदार्थों, जैसे—लकड़ी एवं कृषि उत्पादों से होती है। जैव ऊर्जा संयंत्र अनेक देशों में स्थापित किए जा रहे हैं। ये कम-से-कम वायु प्रदूषण करते हैं और भूमंडलीय तापमान की वृद्धि में कोई योगदान नहीं देते।

बायोगैस का शक्ति उत्पादन में भी उपयोग बढ़ता जा रहा है। यहाँ तक कि शहर का कूड़ा-कचरा भी ऊर्जा में परिवर्तित किया जा सकता है। विशाखापत्तनम और हैदराबाद में दो ऐसे संयंत्र हैं जो कूड़े-कचरों से 7.5 मेगावाट ऊर्जा उत्पादित करते हैं। भारत में ऐसे हजारों संयंत्र लगाए जाने चाहिए।

बायोडीजल—कुछ पौधों जैसे कि 'जात्रोफा कुरकास', जो व्यापक रूप से भारत में पाया जाता है, से बायोडीजल बनाना संभव है। यह पौधा बहुत अच्छा ऊर्जा स्रोत साबित हुआ है।

सन् 2000 में अंतरराष्ट्रीय स्तर पर किए गए परीक्षण यह प्रमाणित करते हैं कि बायोडीजल से प्रदूषकों के निष्कासन में कमी आई है और मानव स्वास्थ्य पर इसका कोई घातक प्रभाव नहीं पड़ता है। यह घरेलू अखाद्य तेलों जैसे करंज, नागचंपा और रबर के पदार्थ से बनाया जाता है। यह किसी भी उपकरण के साथ उपयोग में लाया जा सकता है। यहाँ तक कि अगर डीजल में 8-10 प्रतिशत बायोडीजल मिलाया जाए तो हमारा डीजल आयात करना बंद हो जाएगा और विदेशों में भारतीय मुद्रा जाने से रुक जाएगी।

यदि बायोडीजल का बड़ी मात्रा में व्यावसायिक उत्पादन होता है तो यह न केवल अच्छी मात्रा में ईंधन को उत्पन्न कर भारत की आयात निर्भरता कम करेगा बल्कि पर्यावरण की दृष्टि से भी लंबे समय तक फायदेमंद होगा।

विद्युत् वितरण

सन् 1951 में प्रारंभ की गई ग्रामीण विद्युतीकरण योजना 5 लाख से भी अधिक गाँवों में बिजली पहुँचाने में सफल हुई है। फिर भी 80 हजार गाँव अभी तक विद्युत् आपूर्ति पाने से वंचित हैं। गाँवों में विद्युत् आपूर्ति भी समय पर आनेवाली है। सुदूर क्षेत्र के बहुत ही कम गाँव हैं, जहाँ पारंपरिक विद्युत् संयंत्रों की स्थापना नहीं हो सकी है। इसलिए ग्रामीण क्षेत्रों में अपारंपरिक ऊर्जा स्रोतों, जैसे बायोमास से शक्ति उत्पादन, पवन एवं सौर ऊर्जा का उपयोग शुरू करना चाहिए।

नदियों का आपस में जुड़ाव

देश में बार-बार आनेवाली बाढ़ एवं सूखे से बचने के लिए नदियों का आपस में जुड़ाव एक महत्त्वपूर्ण कार्य है। कुछ क्षेत्रों में जल विद्युत् उत्पादन हेतु ज्यादा सामर्थ्य है। इस जल विद्युत् विषमता को बराबर करने के लिए हमें इस जल से प्राप्त होनेवाली ऊर्जा की जरूरत है, जो पर्यावरण को नुकसान पहुँचाए बिना व्यापक क्षेत्र में जल एवं ऊर्जा को उपलब्ध करा सके।

यह सुनिश्चित करना हमारा दायित्व है कि पर्यावरण संरक्षण कार्यक्रम को आर्थिक, रूप से लाभदायक बनाया जाए कि इस प्रोजेक्ट की कार्य-प्रणाली में वृक्षारोपण की योजना उन क्षेत्रों में होनी चाहिए जहाँ नई नहर और जल-संग्रह बेसिन का प्रस्ताव है। यह प्रोजेक्ट लगभग 65 हजार मेगावाट शक्ति उत्पादित कर सकता है।

ऊर्जा के उपयोग से पर्यावरण प्रदूषण

ऊर्जा के उपयोग का पर्यावरण समस्याओं से गहरा संबंध है। ईंधन के ज्वलन के पश्चात् निकलनेवाले सल्फर डाइऑक्साइड, नाइट्रोजन डाइऑक्साइड और सीसा शहरी क्षेत्रों में भारी मात्रा में वायु प्रदूषण फैलाते हैं। ठीक उसी प्रकार, खाना पकाने के लिए दूषित जैव ईंधन के

उपयोग से भारी घरेलू वायु प्रदूषण होता है।

इसलिए कोई कैसे जरूरी उद्देश्यों के लिए ऊर्जा का उपयोग कर सकता है, वह भी पर्यावरण को हानि पहुँचाए बिना ? वायु प्रदूषण से होनेवाले नुकसानों को कम कर सके, इसके लिए आधुनिक तकनीकी अस्तित्व में है, जिससे ऊर्जा का सकारात्मक उपयोग हो सके। ऐसा औद्योगिक प्रयास कई देशों में किया जा चुका है। एक प्रदूषणकारी उद्योग के लिए प्रदूषण का नियंत्रण महँगा हो सकता है, पर इतना महँगा नहीं कि इसे व्यापार के बाहर मान लिया जाए। इसके लिए प्रेरणा की जरूरत है। यदि प्रदूषणकर्ता को उसके द्वारा दूसरों के स्वास्थ्य पर हो रहे नुकसान की भरपाई की बात कही जाए तो वह स्वतः हानिकारक गैसों और प्रदूषण का निष्कासन कम करेगा। इससे पूरा समाज लाभान्वित होगा।

आगे का रास्ता

भारत की ऊर्जा समस्या का समाधान करने के लिए इन सभी उपायों को अपनाने की आवश्यकता है—

1. पारंपरिक ऊर्जा उत्पादन में निवेश बढ़ाया जाए; जैसे कि तापीय विद्युत् एवं जल विद्युत्।
2. नाभिकीय ऊर्जा और नवीकरण ऊर्जा-स्रोत, जैसे वायु एवं सौर ऊर्जा के प्रयोग से ऊर्जा उत्पादन पर ज्यादा जोर दिया जाए।
3. बेहतर ऊर्जा वितरण की व्यवस्था की जाए तथा गुणात्मक शक्ति एवं ऊर्जा संरक्षण के प्रति सचेत रहा जाए।

जैसा कि लोग अब साफ-सुथरी, नवीकरण ऊर्जा की माँग करते हैं। जैव हितकारी शक्ति-स्रोत; जैसे सौर ऊर्जा, वायु ऊर्जा, जैव-संचार और छोटे स्तर के जल विद्युत् ऊर्जा स्रोतों में निवेश करने से वृद्धि हुई है। छोटे व्यावसायिक सौर ऊर्जा संयंत्र कुछ ऊर्जा से जुड़े बाजारों को सेवा प्रदान करने लगे हैं। जो लोग चुनौती का सामना कर सकते हैं, उन सबके लिए इस क्षेत्र में बहुत से नए अवसर हैं।

□

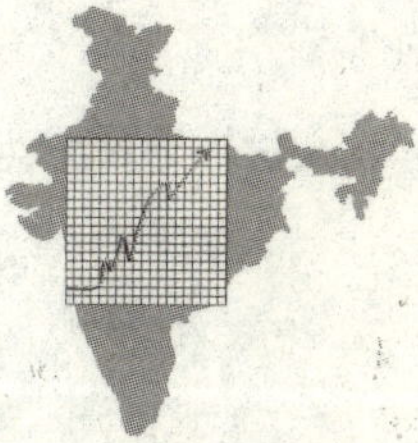

वास्तविक दृष्टिकोण

सबकुछ संभव है। मैं विश्वास करता हूँ कि मनुष्य अपनी संघर्ष एवं रचनात्मकता क्षमता द्वारा सर्वश्रेष्ठता पाने के लिए वह सबकुछ कर सकता है, जिसका वह स्वप्न देखता है। यह उसकी सर्वश्रेष्ठ दिखने की ललक है। भारत के लिए जितने उपाय इस पुस्तक में बताए गए हैं, इसके अतिरिक्त और भी बहुत से लक्ष्यों को प्राप्त करने के लिए लोगों को सम्मिलित प्रयास करने चाहिए, खासकर युवाओं को, जो कुल जनसंख्या का 50 प्रतिशत से अधिक हैं। कुछ महत्त्वपूर्ण कार्यक्रमों में सामूहिक के साथ-साथ व्यक्तिगत स्तर पर भी सम्मिलित होने चाहिए।

बहुत समय पहले सामान्यत: यह माना जाता था कि मानव का अंतरिक्ष में उड़ना असंभव है। सन् 1895 में प्रसिद्ध ब्रिटिश वैज्ञानिक लॉर्ड केल्विन, जो लंदन की रॉयल सोसाइटी के अध्यक्ष थे, ने घोषणा की—"हवा से भारी कोई भी वस्तु न उड़ सकती है, न उड़ाई जा सकती है।" एक दशक के भीतर ही राइट बंधुओं ने यह साबित कर दिया कि आदमी उड़ सकता है। अनेक दशकों के बाद हवाई उड़ान अपेक्षाकृत सस्ती एवं सुरक्षित परिवहन का पर्याय बन गया है।

सन् 1961 में प्रथम चंद्र-मिशन की सफलतापूर्वक तैयारी करनेवाले प्रक्षेपण-युक्त डिजाइनर वॉर्नर वॉन ब्राउन, जिन्होंने सैटर्न-V बनाया था, जो कैप्सूल में अंतरिक्ष यात्रियों को लेकर प्रक्षेपित हुआ तथा जिसने

चंद्र अभियान को वास्तविक बना दिया था, ने कहा था, ''यदि मुझे अधिकार होता तो मैं डिक्शनरी से 'असंभव' शब्द को हटा देता। आपको निश्चित ही मुश्किल कार्यों को संभव बनाने का जोखिम उठाना है।''

भारत : दृष्टि 2020

क्या 'भारत 2020' के लिए देश एक नई दृष्टि को महसूस करने के लिए तैयार है? हम विश्वास करते हैं कि ऐसा हो सकता है। लोग यह पूछ सकते हैं, अब क्यों कोई कार्य होगा जब पहले का समय काफी मंद था और विकास-दर ज्यादा तेज नहीं थी। हम विश्वास करते हैं कि इसका उत्तर इस बात में है कि हमारी जनसंख्या का एक विशाल भाग युवक हैं, जो परिवर्तन के लिए बेताब हैं। खो चुके अवसर उनके लिए इतिहास है। 'भारत में निर्मित' का कुछ प्रेरणादायक मॉडल भी सार्वजनिक एवं निजी क्षेत्र दोनों में है। आज की दुनिया पहले की दुनिया से बहुत अलग है। अब भारतीय उद्योग सरकार के द्वारा नियंत्रित नहीं होते, जैसा कि आजादी के बाद होते थे, जब लोगों को नए उपक्रम के लिए परमिट और लाइसेंस की जरूरत होती थी। परिणामस्वरूप, भारतीय कंपनियाँ विश्व की अच्छी कंपनियों से प्रतियोगिता नहीं कर पाती थीं, जिससे उनके आत्मविश्वास में कमी आई। आज का भारतीय जानता है कि हमने स्वयं का मिसाइल छोड़ा है, हमारी सॉफ्टवेयर निर्माण कंपनी और वाहनों की पूर्ण उत्पादन क्षमता पूरे विश्व में सबसे अच्छी है और कृषि उत्पादन में भी वृद्धि की है। हमारी दवा कंपनियाँ पूरे विश्व-बाजार पर कब्जा जमा रही हैं और नई दवाएँ आविष्कार के लिए तैयार हैं। भारतीय व्यवसायी पूरे विश्व में अपनी उपलब्धियों के लिए पहचाने जाते हैं। तकनीकी अनेक लोगों को सुअवसर प्रदान करती है और आज बहुत से नवयुवक कार्य के नए क्षेत्रों को खोजने के लिए तैयार हैं।

टेलीविजन के क्षेत्र में बेतहाशा वृद्धि हुई है, जिसके लिए प्रारंभिक तौर पर संचार उपग्रहों के विकास को धन्यवाद दिया जाना चाहिए। परंतु

इसने लोगों को सच्चाइयों से अवगत कराया है, चाहे दुनिया का कोई भी क्षेत्र हो। देखनेवालों के दिमाग में उठनेवाला यह स्वाभाविक प्रश्न कि भारत में ऐसा क्यों नहीं? यहाँ कुछ लोग ऐसे भी हैं जो निराशावादी हैं और कहते हैं कि भारत भ्रष्टाचार, तर्कहीन नौकरशाही और लोभी राजनेताओं के कारण आगे नहीं बढ़ सकता; पर दूसरी तरफ ऐसे लोग भी हैं जो कुछ अच्छा करना चाहते हैं, क्योंकि स्वतंत्रता के बाद अर्थव्यवस्था ने उन्हें अवसर प्रदान किया है। वर्ष 2020 में हम जिस भारत का निर्माण करना चाहते हैं, वह यही है—

1. भारत एक विकसित राष्ट्र होगा।
2. भारत राष्ट्रीय सुरक्षा में आत्मनिर्भर होते हुए और विश्व अर्थव्यवस्था में दृढ़ता से खड़े रहकर पाँच बड़ी आर्थिक शक्तियों में एक हो।
3. दूसरी हरित क्रांति की सफलता किसानों के कृषि क्षेत्र में बहुत ही लाभ प्रदान करेगी। भारत के पास प्रचुर मात्रा में खाद्यान्न विदेश में निर्यात करने के लिए उपलब्ध होंगे और उनकी घरेलू माँग पूर्ण हो जाएगी।
4. भारतीय कृषि-परिरक्षण उद्योग दुनिया के सबसे अच्छे उद्योगों में से होगा।
5. भारत अपनी संपन्न खनिज संपदा पर पूँजी लगाएगा, जिससे वह विश्व शक्ति के रूप में उभरे।
6. भारतीय रसायन उद्योगों का रूपांतरण तकनीकी खोजकर्ता के रूप में होगा जिसकी विशेषता रसायन, दवाएँ, जैव-तकनीक और प्राकृतिक पदार्थ आदि होंगे।
7. भारतीय उत्पादक क्षेत्र मशीन उपकरण,फाउंड्री और यातायात उपकरण राष्ट्रीय और अंतरराष्ट्रीय स्तर का होगा। बहुत से अभियंत्रण उत्पादों को भारत में आधुनिक बनाया जाएगा। भारत विश्व का प्रमुख उत्पादक केंद्र होगा।

8. सेवा क्षेत्र में भारत विश्व नेता के रूप में उभरेगा। वह देश में और देश से बाहर बेहतर सेवाएँ प्रदान करेगा।
9. सामरिक मामलों में भारत आत्मनिर्भर होगा।
10. सड़कें, रेलवे, संचार और विद्युत् सर्वश्रेष्ठ बुनियादी ढाँचागत विकास की जरूरत को पूरा करने के लिए भारत के पास उपलब्ध होंगे।
11. स्वास्थ्य और शिक्षा सेवाएँ प्रत्येक व्यक्ति तक पहुँचेंगी।

हम उस दृष्टि को कैसे पहचान सकते हैं?

ऊपर लिखी सभी बातें ग्रहण करने योग्य हैं। पर ये सब एक साथ घटित नहीं होंगी और न ही इन्हें सरकार, योजनाकारों, वैज्ञानिकों, अर्थशास्त्रियों पर अकेले आश्रित छोड़ा जा सकता है। भारत के प्रत्येक व्यक्ति को एक अहम भूमिका अदा करनी पड़ेगी।

नीचे उन चीजों की सूची दी गई है जिसे व्यक्ति एवं विभिन्न समूहों को चुनौती के रूप में स्वीकार करना चाहिए—

युवा वर्ग—अध्ययन करने के साथ-साथ भारत के भविष्य के बारे में सकारात्मक सोचें। अपने मित्रों और सहयोगियों के बीच सकारात्मक विकास की बातें किया करें।

प्रत्येक व्यक्ति—महीने के कुछ दिनों में कुछ अच्छा, कुछ उच्च गुणवत्ता का कार्य करने के लिए समर्पित करें जो तुम्हें गौरवान्वित करे, जिससे गरीब और पीड़ित लोगों की जिंदगी बेहतर बन सके।

शिक्षण संस्थान और अनुसंधान एवं विकास केंद्र—पथ-प्रदर्शक के रूप में आपके पास अद्‌भुत अवसर हैं। प्रत्येक संस्था को अपनी एक परियोजना शुरू करनी चाहिए, जो क्रमशः मंत्रालय या सार्वजनिक क्षेत्र के उपक्रम को योगदान दे सके।

अगर आप अपने क्षेत्र की देखभाल करेंगे तो आपको वित्तीय योगदान भी मिल सकते हैं।

गैर-सरकारी संगठन—आपका योगदान भारत के लिए विविध तरह का एवं चुनौतीपूर्ण है। सकारात्मक कार्य और तेजी से बदलाव लाने के लिए सरकार की मदद करने की कोशिश करें।

पत्रकारिता—सफलता चाहे जितनी भी छोटी क्यों न हो, उसे प्रसारित करें। आप कई विकट घटनाओं और विकास कार्यों को ध्यान में रखते होंगे, पर सकारात्मक विकास कार्यों को भी खबर बनाना चाहिए। भारत की तसवीर बनाइए—उन हजारों वीरों से, जो राष्ट्र का भाग्य बदल रहे हैं।

सार्वजनिक क्षेत्र के उपक्रम—केंद्रीय सार्वजनिक क्षेत्र के उपक्रम को प्रत्येक परियोजना भारत को विकसित करने केलिए आगनानी चाहिए। अपनी तकनीकी क्षमता को उभारें। यह आपके मंत्रालय के द्वारा जारी मिशनों के अतिरिक्त है, जिसमें आपको योगदान देना चाहिए। सार्वजनिक क्षेत्र के उपक्रम के कर्मचारी और नेताओं के द्वारा इकाई स्तर पर रचनात्मक पहल करनी चाहिए।

राज्य के सार्वजनिक क्षेत्र के उपक्रम—कम-से-कम एक क्षेत्र में लोगों की सेवाओं हेतु स्वयं को बदलें। अगर संभव हो तो सहयोगियों के साथ एक प्रोजेक्ट तैयार करें जो आपके क्षेत्र के बाहर भी जा सके।

सरकारी विभाग—(केंद्रीय और राज्य) विकसित भारत की दृष्टि ध्यान में रखते हुए एक मिशन को अवश्य जारी करना चाहिए। अच्छा हो कि यह सब अलग विभाग, गैर-सरकारी एजेंसियों और सार्वजनिक उपक्रमों की सहभागिता से हो। प्रारंभ करने के लिए इंतजार मत करो। अगर आप कुशलता से शुरू करोगे तो दूसरे लोग आपके साथ शामिल हो जाएँगे।

बड़े उद्योग (निजी क्षेत्र)—अपनी खुद की योजनाओं और सरकारी परियोजनाओं की माँग के अनुसार काम करने के साथ-साथ प्रत्येक उद्योग को वे सभी परियोजनाएँ जारी करनी चाहिए, जो सार्वजनिक क्षेत्र के उपक्रम के लिए सुझाई गई हैं। लघु स्तर के उद्योगों एवं कृषि को

तकनीकी रूप से उठाने के लिए भी परियोजनाओं को वित्तीय सहायता मिलनी चाहिए।

छोटे उद्योग—यद्यपि आपके पास समस्याएँ हो सकती हैं, पर फिर भी आगे बढ़ें। कुछ तकनीकी मजबूरियों पर नियंत्रण करना सीखें। पास के शिक्षण संस्थानों या प्रयोगशाला के साथ काम करें। वहाँ आप कुछ लोगों को इस तरह बदलते हुए देखेंगे। एक बार यदि आप अपने व्यवसाय से संबंधित शिक्षा स्रोत को पा जाएँगे तो आपका जीवन बदलेगा।

बहुराष्ट्रीय कंपनियाँ—अपने लाभ और सामरिक शक्ति के साथ एक सहभागी के रूप में आंतरिक शक्तियों के साथ 1 अरब की जनसंख्यावाले देश पर ध्यान दें। भारत को विकसित राष्ट्र का दर्जा देने की दशा में स्पष्टतः एक या दो परियोजना अवश्य बनाएँ।

भारतीय मूल के लोग एवं आप्रवासी भारतीय—भारतीय उत्पादों और सेवाओं के लिए आप दूसरे भारतीयों को उत्साहित कर सकते हैं।

अन्य भारतीय प्रेमी—आप पूरे विश्व में 'भारत ब्रांड' को प्रचारित कर सकते हैं।

समन्वित कार्य

भारत में करीब 26 करोड़ लोग गरीबी रेखा के नीचे रहे हैं। राष्ट्र को सुनिश्चित करना होगा कि वे ज्यादा-से-ज्यादा कमाएँ और अच्छा जीवन बिताएँ। सकल घरेलू उत्पाद दर को 10 प्रतिशत तक बढ़ाना होगा। तभी यह संभव होगा कि भारत आर्थिक रूप से विकसित बन सके और कराड़ों लोग तब राष्ट्र की संपन्नता को महसूस करेंगे। समन्वित कार्यों में निम्नलिखित पाँच क्षेत्रों को शामिल किया गया है—

1. **कृषि और खाद्य संसाधन**—हमें 36 करोड़ टन खाद्य एवं कृषि उत्पादन करना होगा। ग्रामीण लोगों की संपन्नता के लिए और आर्थिक वृद्धि को तेज करने के लिए कृषि के विभिन्न क्षेत्र; जैसे दूध, पशु, फूलों की खेती, जड़ी-बूटियाँ एवं खाद्य

संसाधनों को विकसित करना होगा।

2. संपूर्ण देश के लिए भरोसेमंद और उत्तम गुणवत्तावाले बुनियादी ढाँचे का उपयोग।
3. स्वास्थ्य की देखभाल और अच्छी शिक्षा की हर नागरिक को जरूरत होनी चाहिए, चाहे वह कहीं भी रहता या रहती हो।
4. सूचना और संचार तकनीक का दूर के क्षेत्रों में शिक्षा और राष्ट्रीय संपदा को प्रोत्साहित करने में उपयोग किया जा सकता है।
5. सामरिक क्षेत्र नाभिकीय, अंतरिक्ष और रक्षा तकनीकों में वृद्धि का साक्षी है और ऐसी प्रगति को निरंतर बनाए रखने की जरूरत है।

आप क्या कर सकते हैं

प्रारंभ करने के लिए यह आवश्यक है कि आप उस दृष्टि से और उन सभी कारकों से, जो इसे सच करने में मदद करेंगे, अवगत रहें। जब आप निर्णय करते हैं कि आप जीवन में क्या करना और क्या पढ़ना चाहते हैं, क्या काम करना चाहते हैं तो आप यह सोचें कि यह सब नई दृष्टि में कैसे योगदान दे सकता है। आप दूसरे मित्र-परिवारों को अपने दृष्टिकोण के बारे में बताकर उन्हें यह महसूस कराने में मदद करें। इस दृष्टि से काम करनेवाले लोगों की रचनात्मक कहानियाँ इकट्ठा करें और उन्हें दूसरे लोगों में प्रसारित करें।

मैं विश्वास करता हूँ कि ये चार विशेष तरीके हैं, जो प्रत्येक छात्र में वर्ष 2020 की दृष्टि को महसूस कराने में योगदान दे सकते हैं—

1. **मेहनती बनो**—हमें अपने दृढ़ निश्चय और प्रयास के साथ काम करना होगा। दृढ़ निश्चय से बहुत कुछ प्राप्त किया जा सकता है। उन चमत्कारों को जाना, जो जापान और जर्मनी द्वारा द्वितीय विश्वयुद्ध के बाद प्राप्त किए गए। आप जो भी

कर रहे हैं, उसी में आपको भी कठिन मेहनत करनी होगी।

2. **खोजकर्ता बनो**—हमने देखा है कि किस तरह भारतीय सूचना तकनीकी उद्योग ने अकल्पनीय रूप से विकास किया है, जिसने विश्व में अपनी पहचान बनाई है। उन उद्योगों ने बिना अधिक सरकारी अनुदानों के स्वयं ही विकास किया है। एक अवसर की खोज में आप भी कुछ रचनात्मक सोच सकते हैं, जिससे आप भारत के विकास में मदद करेंगे।
3. **शासन सीखो**—जब तक शासन संरचना स्थिर नहीं होगी तब तक किसी भी तरह का विकास संभव नहीं है। यह जरूरी है कि सरकार लोगों की जरूरतों को पूरा करने के लिए उत्तरदायी बने। आप विद्यालय प्रशासन में भाग लेकर इसका पर्याप्त अभ्यास कर सकते हैं। आप अन्य छात्रों के लिए कई नीतियों का सूत्रपात कर सकते हैं और घटनाओं को आयोजित कर सकते हैं।
4. **अपना नैतिक कर्तव्य पूरा करो**—अपने विद्यालय और पड़ोस के नैतिक कार्यक्रमों में सृजनात्मक और उत्साह के साथ भाग लें, चाहे स्थानीय पार्क की सफाई करनी हो या पौधा लगाना हो, गरीब बच्चों को मदद करनी हो या फिर विद्यालय को साफ रखना हो। यह सोच न सिर्फ पर्यावरण को बल्कि पूरे भारत को बदलेगी। सिंगापुर में हुए परिवर्तन को देखो, जो कभी बहुत गंदा शहर था। आज सरकार के द्वारा प्रारंभ की गई योजनाओं और प्रबुद्ध नागरिकों के सहयोग से सिंगापुर पूरे विश्व के साफ-सुथरे शहरों में से एक है। यदि हर विद्यार्थी अपने पड़ोस को साफ रखने का कार्य करे तो दूषित शहरी क्षेत्र साफ और सुंदर बन जाएँगे।

जैसा कि मैं सोचता हूँ, यह शपथ हमारे देश के हर बच्चे को लेनी

चाहिए। इसे ध्यानपूर्वक पढ़ो—अगर तुम इन दस चीजों में से कुछ भी कर सकते हो तो तुमने 'भारत 2020' की दृष्टि की शुरुआत कर दी है—

1. मैं पूर्ण समर्पण से अपनी पढ़ाई या कार्य को पूरा करूँगा और उसमें अच्छे-से-अच्छा करूँगा।
2. मैं कम-से-कम दस लोगों को पढ़ाऊँगा जो न तो पढ़ सकते हैं और न लिख सकते हैं।
3. मैं कम-से-कम 10 पौधे लगाऊँगा और लगातार उनकी देखभाल करके उनकी वृद्धि को सुनिश्चित करूँगा।
4. मैं शहरी और ग्रामीण क्षेत्रों में भ्रमण करूँगा और कम-से कग पाँच लोगों को बुरे व्यसन एवं जुए की लत से आजाद कराने के लिए कठिन मेहनत करूँगा।
5. मैं अपने बंधु-बांधवों के दुःखों को दूर करने के लिए लगातार प्रयास करूँगा।
6. मैं किसी भी प्रकार के धार्मिक, जातिगत और भाषागत भेदभाव का समर्थन नहीं करूँगा।
7. मैं ईमानदार बनूँगा और दूसरों को अनुकरण करने के लिए स्वयं एक उदाहरण बनूँगा।
8. मैं एक जागरूक नागरिक बनने की दिशा में कार्य करूँगा और अपने परिवार को साहसी बनाऊँगा। मैं हर महिला का सम्मान करूँगा और नारी शिक्षा का समर्थन करूँगा ।
9. मैं शारीरिक और मानसिक रूप से विकलांग लोगों का हमेशा मित्र या सहयोगी रहूँगा और उन्हें स्वस्थ लोगों की तरह बनाने का पूरा यत्न करूँगा।
10. मैं अपने देश एवं जनता की सफलता की गर्व सहित प्रशंसा करूँगा। भारत के युवाओं के पास अदम्य साहस होना चाहिए। इसके दो अर्थ हैं—पहला, आपको अपना लक्ष्य निर्धारित कर

उस पर कार्य करना है और दूसरा, यदि ऐसा करते हुए कभी किसी समस्या से मुठभेड़ हो जाए तो उसे आपने ऊपर हावी मत होने दो। तुम उन पर हावी हो उन्हें हराओ तथा सफल हो। युवाजन हमारे राष्ट्र की मूल्यवान् परिसंपत्तियों में से एक हैं। युवाओं का प्रज्वलित मस्तिष्क पृथ्वी पर, पृथ्वी के अंदर, पृथ्वी के ऊपर सबसे प्रमुख स्रोत है।

□□□

'अग्नि की उड़ान' एक पुस्तक ही नहीं, भारतीय प्रक्षेपास्त्र तकनीकी के जनक और भारत के राष्ट्रपति महामहिम डॉ. ए.पी.जे. अब्दुल कलाम के जीवन का खुला दस्तावेज है। उनका मानना है कि कठिनाइयों एवं संकटों के माध्यम से ईश्वर हमें आगे बढ़ने का अवसर प्रदान करता है। राष्ट्र की युवा शक्ति और बच्चों को प्रेरित कर वे भारत को एक महान् राष्ट्र बनाने का स्वप्न सँजोए हुए देशकार्य में लगे हैं।

अनेक मार्मिक प्रसंगों के अलावा डॉ. कलाम के जीवन में आए उतार-चढ़ावों, सफलता-असफलताओं एवं विपरीत परिस्थितियों में अपना तथा अपने सहयोगियों का मनोबल बढ़ाना तथा कार्य के प्रति अटूट निष्ठा एवं राष्ट्र के लिए कुछ कर दिखाने की प्रेरणा देना—उनके कितने सहज-स्वाभाविक गुण हैं। उनके व्यक्तित्व, उनकी प्रतिभा तथा जीवन के कितने ही रहस्य खोलती है उनकी आत्मकथा 'अग्नि की उड़ान'।

मैं क्या हूँ और क्या बन सकता हूँ? वे कौन लोग थे जिन्होंने विभिन्न क्षेत्रों में अपना-अपना विशिष्ट योगदान देकर मानव जाति की उत्कृष्ट सेवा की? कैसे मैं इस मायावी संसार में दिग्भ्रमित हुए बिना अग्रसर हो सकता हूँ? कैसे मैं दैनिक जीवन में होनेवाले तनाव पर काबू पा सकता हूँ?

ऐसे अनेक प्रश्न छात्र तथा विभिन्न व्यवसायों से जुड़ी युवाशक्ति भारत के दूरदर्शी राष्ट्रपति से उनकी यात्राओं में अकसर पूछते हैं। राष्ट्रपति डॉ. कलाम की यह नवीनतम कृति 'हमारे पथ-प्रदर्शक' इन सभी प्रश्नों का उत्तर बखूबी देती है।

यह पुस्तक मानव जाति के इतिहास के विभिन्न पहलुओं को भी उजागर करती है कि किस प्रकार अलग-अलग कालखंड में महान् लोगों ने पृथ्वी की यात्रा की और मानव जाति को उपकृत किया।

अभी तक पाठकों को राष्ट्रपति डॉ. कलाम के वैज्ञानिक स्वरूप एवं प्रगतिशील चिंतन की ही जानकारी रही है जो उनके महान् व्यक्तित्व का एक पक्ष रहा है। उनके व्यक्तित्व का दूसरा प्रबल पक्ष उनका आध्यात्मिक चिंतन है। प्रस्तुत पुस्तक में डॉ. कलाम की आध्यात्मिक चिंतन-प्रक्रिया का विस्तार से वर्णन है।

प्रश्नोत्तर शैली में अत्यंत रोचक, प्रेरणाप्रद एवं पठनीय पुस्तक।

युवा पीढ़ी ही देश की पूँजी है। जब बच्चे बड़े हो रहे होते हैं तो उनके आदर्श उस काल के सफल व्यक्तित्व ही हो सकते हैं। माता-पिता और प्राथमिक कक्षाओं के अध्यापक आदर्श के रूप में महत्त्वपूर्ण भूमिका निभा सकते हैं। बच्चे के बड़े होने पर राजनीति, विज्ञान, प्रौद्योगिकी और उद्योग जगत् से जुड़े योग्य तथा विशिष्ट नेता उनके आदर्श बन सकते हैं।

—इसी पुस्तक से

भारत के राष्ट्रपति महामहिम डॉ. ए.पी.जे. अब्दुल कलाम ने आनेवाले वर्षों में भारत को एक महाशक्ति के रूप में स्थापित करने का स्वप्न देखा है; और इसे साकार करने की संभावना उन्हें भारत की युवा शक्ति में नजर आती है। हम बच्चों-युवाओं को प्रेरित कर उन्हें शक्ति-संपन्न भारत की नींव बना सकें, यही इस पुस्तक को लिखने का उद्देश्य है।

राष्ट्रपति महामहिम डॉ. ए.पी.जे. अब्दुल कलाम का स्वप्न है कि वर्ष 2020 तक भारत एक विकसित राष्ट्र बने। प्रस्तुत पुस्तक में लेखकद्वय डॉ. कलाम व डॉ. शिवताणु पिल्लै ने इस स्वप्न को साकार करने की प्रक्रिया का बड़ी ही सूक्ष्मता और गहराई से विश्लेषण किया है। विकसित भारत के लक्ष्य को प्राप्त करने में छात्र, युवा, किसान, वैज्ञानिक, इंजीनियर, तकनीशियन, चिकित्सक, चिकित्सा कर्मी, शिक्षाविद्, उद्योगपति, सैन्य कर्मी, राजनेता, प्रशासक, अर्थशास्त्री, कलाकार और खिलाड़ियों की क्या-क्या भूमिका हो सकती है, इसके बारे में भी उन्होंने महत्त्वपूर्ण सुझाव दिए हैं।

आज भारत के पास प्रक्षेपण यानों, मिसाइलों तथा वायुयानों के सिस्टम डिजाइन, सिस्टम इंजीनियरिंग, सिस्टम इंटीग्रेशन तथा सिस्टम मैनेजमेंट की योग्यता और महत्त्वपूर्ण प्रौद्योगिकियों के विकास की क्षमता है—इस पुस्तक में इन सभी पहलुओं पर विस्तृत प्रकाश डाला गया है।

डॉ. कलाम क्या हैं, कौन हैं? वह सभी के प्रेम, सम्मान तथा प्रशंसा के पात्र क्यों हैं? वे कौन सी बातें हैं, जो उन्हें लोकप्रिय बनाती हैं? कौन सी विशेषताएँ उन्हें दूसरों से भिन्न बनाती हैं?

यह पुस्तक डॉ. कलाम के व्यक्तित्व तथा जीवन के अप्रकट पहलुओं पर प्रकाश डालती है और पाठक को उनके व्यक्तित्व के बारे में एक गहरी समझ विकसित करने में मदद करती है। इससे उनका बहुपक्षीय दूरद्रष्टा व्यक्तित्व हमारे सामने आता है, जो विज्ञान, प्रौद्योगिकी तथा राष्ट्र के विकास के अलावा संगीत, साहित्य एवं पर्यावरण में भी रुचि रखते हैं।